通胀陷阱
Inflation

[美]史蒂夫·福布斯　　[美]内森·刘易斯　　[美]伊丽莎白·埃姆斯 ＼ 著
（Steve Forbes）　　（Nathan Lewis）　　（Elizabeth Ames）

冯毅 ＼ 译

中国出版集团
中译出版社

图书在版编目（CIP）数据

通胀陷阱 /（美）史蒂夫·福布斯 (Steve Forbes)，(美) 内森·刘易斯 (Nathan Lewis) , (美) 伊丽莎白·埃姆斯 (Elizabeth Ames) 著；冯毅译. -- 北京：中译出版社, 2023.3

书名原文：Inflation: what it is, why it's bad, and how to fix it

ISBN 978-7-5001-7263-5

Ⅰ.①通… Ⅱ.①史…②内…③伊…④冯… Ⅲ.①通货膨胀—研究 Ⅳ.① F820.5

中国国家版本馆 CIP 数据核字（2023）第 008632 号

Copyright © 2022 by Steve Forbes, Nathan Lewis, Elizabeth Ames.
First published in the U.S. in the English language by Encounter Books c/o Writers' Representatives LLC, New York.
This edition arranged with Writers'Representatives LLC, New York.
through BIG APPLE AGENCY, INC., LABUAN, MALAYSIA.
Simplified Chinese translation copyright © 2023 by China Translation & Publishing House
ALL RIGHTS RESERVED
著作权合同登记号：图字 01-2022-6228

通胀陷阱
TONGZHANG XIANJING

著　　者：[美] 史蒂夫·福布斯　[美] 内森·刘易斯　[美] 伊丽莎白·埃姆斯
译　　者：冯　毅
策划编辑：朱小兰
责任编辑：朱小兰
文字编辑：朱　涵　王海宽　刘炜丽
营销编辑：任　格　苏　畅
出版发行：中译出版社
地　　址：北京市西城区新街口外大街 28 号 102 号楼 4 层
电　　话：（010）68002494（编辑部）
邮　　编：100088
电子邮箱：book@ctph.com.cn
网　　址：http://www.ctph.com.cn

印　　刷：北京中科印刷有限公司
经　　销：新华书店
规　　格：880 mm×1230 mm　1/32
印　　张：8
字　　数：140 千字
版　　次：2023 年 3 月第 1 版
印　　次：2023 年 3 月第 1 次印刷

ISBN 978-7-5001-7263-5　　　定价：69.00 元

版权所有　侵权必究
中 译 出 版 社

这本书献给世界各地那些忍受通货膨胀之苦，但依然追求更美好生活的人们。

中文版推荐序

没有"好的通货膨胀"

全球经济正亟待走出新冠疫情所造成的困顿,又遭逢严重通货膨胀的冲击。《通胀陷阱》得以在本轮通胀的暴风眼——美国出版,并被翻译给广大的中国读者,可谓正得其时。

从通货紧缩到通货膨胀

20世纪末21世纪初,"通缩"成为世界性经济话题。彼时,关乎通货紧缩的研究与预判成为醒世恒言,而非"通胀"。

1999年,保罗·克鲁格曼在美国《外交事务》杂志上发表一篇题为《萧条经济学的回归》的文章,并出版了同名著作；同年，加利·西林出版了《通货紧缩》一书。2004年，本·伯南克出版了其名著《大萧条》，宣称"大萧条是经济学的圣杯"。在此期间，西方舆论中不乏一些杂音，苛责中国输出通货紧缩，致使全球经济失衡……

2008年，金融海啸袭来，量化宽松（QE）成了救世的急猛之药，"大水漫灌"遍及东西方。伯南克和鲍威尔两任美联储主席分别于2013年和2019年试图终止QE未果。2021年6月，美国出现通货膨胀的警讯，但货币当局坚持认为，通胀是暂时的；半年后，美联储被迫改弦更张；2022年5月，美财长耶伦公开"认错"：未能及时判定通胀情势。

这一期间，伯南克甚至被指责为本轮通胀的始作俑者。全球范围内对产业链受政治原因冲击而断裂的担忧，又引发价格的进一步上涨。在希望中国持续输出更多廉价商品的同时，西方舆论中的某些杂音又出现了——只不过，他们这次不担心中国输出通缩，而是忧虑中国因其自身经济恢复而向世界输出通货膨胀……

时移世易，抑制"通胀"（而非"通缩"）已成为当前世界经济的主旋律。摆在中国读者面前的《通胀陷阱》或许正值其时，为中国读者们解惑答疑，帮助大家走进通货膨胀的历史与现实。

史蒂夫·福布斯其人、其书

40年前,加利·西林便成为《福布斯》杂志的专栏作家。本书作者史蒂夫·福布斯小他10岁,后来也大步赶上,为《福布斯》杂志专栏勤奋撰稿,更作为家族企业的继承者成为该杂志的总编辑。与保罗·克鲁格曼的政党立场不同,作为共和党人的史蒂夫反对民主党人的"大政府理念",对从凯恩斯到伯南克的经济思想或政策主张,他都坚决反对。他赞赏保罗·沃克尔抑制通胀的铁腕手段,而对克鲁格曼亲民主党立场的经济主张不屑一顾。

现年76岁的史蒂夫常年奋战在政商两界,也曾两度在共和党内角逐参选总统的提名。1985年起直至1993年,史蒂夫先后受命于里根、老布什、克林顿三任总统,接续掌控国际广播委员会(BIB)。期间,他继续参与各种保守派政治宣传团体,活跃在新闻、评论与政治一线,已然成为共和党的一门重炮。

史蒂夫视野宏阔,熟稔经济数据,擅长经济观察与分析,多年来笔耕不辍,著述颇丰。其著作风格豪放,行文雄健,立论扎实且务实,文字简洁有力并贴近读者。史蒂夫反通货膨胀的立场是一以贯之的,彰显了美国保守派坚定的通货膨胀认知。

史蒂夫·福布斯、内森·刘易斯、伊丽莎白·埃姆斯三人所著的这部《通胀陷阱》是有其原则立场及代表性的，切中时弊，实感满满，颇受读者青睐。

本书的通胀三问

本书的中文编辑告诉我，出版社最初曾构想将其命名为"通胀简明读本"，期待让此书成为小到中学生，大到经济学专业科班的学生、经济学研究者人手一册的通胀简明读本。的确，通胀关乎经济社会中的每一个人，远不应限于书斋，更不宜局限于抽象的概念或者善恶好坏的评断，而应从广泛而真切的事实中带入，"词简理博"地透彻阐释通货膨胀的本质和内涵，引发读者的共鸣。坦言之，史蒂夫·福布斯于此做了很好的尝试。

本书从"通货膨胀"发展的历史脉络推展开来，从两千年前的罗马皇帝尼禄一直谈到了当下的美联储，既示警于中央银行，又予个人以投资建议。概言之，本书提出并试图回答通货膨胀"是什么""为什么发生""怎么应对"三个问题，读来轻松，感触良多。于此，申言有三，与读者朋友分享：

首先，没有"好的通货膨胀"。

任何水平的通货膨胀都是有违货币标准的，尤其对中央银行货币宽松所引发的通货膨胀而言，货币的稳定性必然受损。作者坚信，没有所谓"好的通货膨胀"。书中一再强调的是，货币作为普遍接受的价值标准，其稳定性取决于经济社会的广泛信任，而通货膨胀正是破坏这一信任的利器。一旦爆发通胀，货币信任的基础就受到腐蚀、冲击，甚至瓦解，因为货币信任往往是自我强化或自行加速的。这就是说，不要以为只要抑制高通胀、反对恶性通胀就可以了，低通胀也是不可以接受的。

从经验来看，不同时代或不同经济社会体系下，通胀状况各有不同，人们的现实感受也有所不同。于是乎，少量通胀有助于就业和经济发展的政策主张及实践就发生了。作者将支持通胀政策的主张列入形形色色的凯恩斯主义，有其逻辑所在。回到货币标准稳定性而言，本书主张从绝对意义上反对通货膨胀，视通胀为绝对的"恶"，而不计其大小。这一立场宜广泛汲取。21世纪之初，有人欣喜于所谓"好的通货紧缩"，2008年金融海啸之后，有人激赏中央银行激进的通胀政策，更有人礼赞所谓"现代货币理论"

（MMT）。稍加时日，恶果自彰，便发现其只是饮鸩止渴。

其次，警惕货币当局饮鸩止渴。

通货膨胀归根结底是货币现象，同货币供给关系密切。没有中央银行的"大水漫灌"，供过于求的货币态势极难发生。现代恶性通货膨胀的发生，往往离不开中央银行的主动作为。症结不在于中央银行这一所谓的"中心化"机构自身，而在于其政策取向。《通胀陷阱》一书历数了美国偏好扩张货币供给的现代"通货膨胀主义"的恶性案例，并不遗余力地声讨之，表明了作者在历史与现实上都是彻头彻尾的反通胀者。

第三，回归金本位制是解决之道吗？

书中指出，黄金价格及其变化可作为检验通货膨胀的重要指标。引申开来，这是检验所谓"货币性"通胀的重要环节，更是所谓"货币腐败"的照妖镜。在如何应对通货膨胀的问题上，作者坚信回归金本位制是必然之选，这值得各位读者深入思考。

应当说，回归金本位制的货币主张不仅在美国一直有其代表，而且在世界范围内也不罕见。究竟应在何种意义或程度上回归金本位制的意见或有不同，但每逢货币情势危殆之时，回归金本位制的声音便格外响亮，经济社会对此也习以为常。

有人给回归金本位制的主张贴上了"反革命"的标签，贴标签者自身倒是不自觉地"以革命者"自居，实则像极了货币"造反派"。这就不难发现，如若一路"革命"下去，不仅黄金不得复活，"通货膨胀目标制"更要大行其道。进而，通过奉行所谓的"现代货币理论"，中央银行的独立性将受到威胁。他们甚至还会要求废止"中心化"的中央银行，发行并运行"去中心化"的加密货币，以此全面代替银行货币体系……

自货币诞生以来，已有数千年历史。自然形态的货币历史难以溯源，人工形态的金属货币时代约三千年，纸币约一千年，账户形态的银行货币不足4个世纪，数字形态的货币刚刚呱呱坠地……货币形态的革命步伐似乎加快，但货币代际的继承性和连续性却紧密相连，未曾割裂。所谓货币的"革命"或"反革命"，信口开河而已，姑妄听之，当不得"真"。尽管如此，复辟旧货币形态，往往使社会经济遭受重大挫败，泥古、复古的货币尝试终究也未见其功，甚至反受其害。新与旧之间，货币的稳定基于继承性和连续性。

近几个世纪以来，黄金渐渐成为货币的准绳，与其说是"(价值)保障",不如说是"(纪律)约束",即任何形态的货币退出流通货币体系,须给付所承诺的"对价"。作者在本书中所一再强调的货币"标准"及"信任",正是根植于此。

在关乎计量、发行、流通、结算的诸个环节中,黄金从来不是最好的货币安排,但也绝非货币恶乱之源。金本位制所标榜的是货币的纪律约束。要不要回归金本位制的问题,本质上是要不要有效的货币纪律约束的问题。对此,答案是肯定的。具体什么样的货币纪律约束才是根本有效的,的确值得人们不断地探讨与深入地省思。

美国货币当局一直是当今世界最大的黄金资产储备拥有者。近年来,俄罗斯、土耳其、中国、印度等各国的央行正不断地"扎堆儿"增持其黄金资产储备。将黄金完全排斥在货币体系相关安排之外是不现实的,更是徒劳的;而全面蔑视甚至完全摧毁经济社会对黄金的"货币信念"则是装腔作势、狂妄自大的。

陷阱何在?

彭信威先生在其名著《中国货币史》中曾提及,西方更关注通货紧缩，而中国更关心通货膨胀。换言之，通胀相较通缩，西方更厌恶后者，而东方更仇嫌前者。此亦无他，囿于各自所处的不同时代历史境遇而已。但若一定要在通胀或通缩间分出伯仲，或者主张所谓"好的通缩"或"好的通胀"，便出离了经济理性，沦为十足的"恋爱脑"了。

因时适变，是货币历史演进、发达与成熟的根本所在。

如何在适变中保持货币标准的稳定？这正是史蒂夫在本书中所一再强调的题眼所在。离开了货币计量标准的稳定，任何精美的理论或高妙的政策都不免终将落入"陷阱"之中。事实上，通货膨胀与通货紧缩只是同一枚货币的两面，通缩的一面苦辣而咸，通胀的一面初尝起来甚至像蜜糖一样甜腻腻，更具诱惑性。然而，通胀往往导致通缩政策，甚至未及通缩便因恶性通胀导致货币崩溃。

中译出版社慧眼识珠，更以《通胀陷阱》作为书名，本书译本得以与中文读者见面。

值此大潮之时，我有幸先睹为快，并欣然为序。

周子衡

2023年2月18日

目 录

- 序 言　　　　　　　　　　　　　　　　　　　　　　I

第一章
什么是通货膨胀　　　　　　　　　　　　　　　　001

- 缓慢贬值的美元　　　　　　　　　　　　　　　　005
- 什么是通货膨胀，什么是人们认为的通货膨胀　　　007
- 两种通货膨胀？　　　　　　　　　　　　　　　　011
- 识破通货膨胀的"货币幻觉"　　　　　　　　　　014
- 为什么黄金价格是一个重要的通货膨胀指标　　　　016
- 通货膨胀的预兆　　　　　　　　　　　　　　　　017
- 当货币贬值时　　　　　　　　　　　　　　　　　019

第二章

通货膨胀历史上不那么伟大的时刻　　023

- 印钞并不一定意味着通货膨胀　　031
- 并非供给过剩，而是一种货币"失灵"　　033
- 供给、需求与"信心丧失"　　034
- 恶性通货膨胀的"超级风暴"　　037
- 为什么恶性通货膨胀不仅仅是"更严重的通货膨胀"　　039
- 现代"通货膨胀主义"　　040
- 凯恩斯主义美联储的失败　　042
- 从"凯恩斯主义"到"类固醇通货膨胀"　　046
- "乐队"继续演奏　　048
- 为什么不能印更多的钞票呢　　050

第三章

为什么通货膨胀是不好的　　053

- 美联储的落后思维　　057
- 通货膨胀的巨大不公平　　061
- 债务推动者　　064
- 被货币幻觉误导的市场　　066
- 通货膨胀的"游乐场哈哈镜"　　067
- 好泡沫和坏泡沫　　069
- 税收也被膨胀了　　070

- 这会导致什么：滞胀　　072
- "低水平通胀"下的缓慢滞胀　　073
- 更大的政府＝更少的自由　　075
- 信任瓦解　　077
- 社会堕落　　079
- 我们是罗马帝国吗　　081
- 目前还没有人担心的危险　　082

第四章

如何结束经济低迷　　085

- 通过"紧缩"对抗通货膨胀的神话　　090
- 为什么"修复"会失败　　094
- 如何真正解决通货膨胀问题　　098
- 战后德国和日本的货币奇迹　　100
- 保罗·沃尔克如何应对 20 世纪 70 年代的滞胀　　102
- 现在怎么办　　107
- 终结通货膨胀的最好方法　　110
- 黄金：前进的方向　　112
- 重新思考金本位　　115

第五章

你的钱该怎么办　　121

- 弄清楚到底是怎么回事　　124

- 最佳的通货膨胀指标 126
- 我应该重新平衡一下我的投资组合吗 131
- 股票：能够升值，但并不总是上涨 132
- 债券：今非昔比 138
- 房地产：警示之语 140
- 黄金和其他贵金属 143
- 加密货币怎么样 146
- 通货膨胀结束后该怎么办 148
- 通货膨胀给经济带来的一线希望 151

第六章

前进的道路　　　153

- 致　谢 167
- 译后记 170
- 注　释 177

序　言

关于通货膨胀的头版新闻随处可见,[1]《对高通货膨胀的惶恐愈演愈烈？》《消费品价格大幅上涨》[2]《通货膨胀率创下十多年来增速纪录》。

《纽约邮报》头版宣称生产者价格大幅上涨,[3]通货膨胀达到多年来最为严重的水平。

纽约长岛一家超市的消费者抱怨他的日常开销在短短两个月内翻了一番。[4]他现在不得不跳过肉和鱼等价格较高的商品，只购买必需品。

弗吉尼亚州的一位汽车经销商感叹价格上涨如此之快，一些常见二手车的售价居然比新车时的价格还要高。[5]

南卡罗来纳州的一位房地产经纪人抱怨高昂的木材成本阻碍了新房的建设，房价超出了人们的预算。[6]

彭博新闻社报道，加利福尼亚州一家自行车商店的顾客惊讶地发现，一辆顶级山地自行车的价格在不到六个月的时间里上涨了10%，达到了近4 800美元，未来该车型的价格预计会继续上涨。⁷

人们几乎每天都会被媒体报道的食品、汽油、汽车和其他生活必需品价格两位数的增长率所震惊。不断提高的政府支出水平加剧了公众的焦虑，联邦债务现在超过了整个美国的经济体量。这些巨额债务中，有很大一部分是由美国中央银行——美国联邦储备委员会（简称美联储）发行的用来融资的美国国债，而这些国债是美联储凭空创造出来的。

这种激进的支出加上美联储的货币扩张政策，已经向经济体中释放了大量美元。从2019年12月到2021年6月，美国货币供给量暴增了35%以上，规模超过了惊人的20万亿美元。

大量"印钞"可能会导致危险的通胀，这一警报始终未绝。首先对此产生忧虑的是凯恩斯主义[①]经济学家拉

[①] 凯恩斯主义，也称凯恩斯主义经济学，是建立在英国经济学家约翰·梅纳德·凯恩斯《就业、利息和货币通论》的思想基础上的经济理论。——译者注

里·萨默斯，他曾在克林顿政府担任财政部长，后来又担任奥巴马总统的首席经济顾问。[8] 他公开表达了他的担忧并发出警告："我们在通货膨胀方面承担着非常大的风险。增发货币、发行政府债券，我们的债务达到了前所未有的规模。这些事情肯定会比以往更易产生美元大幅贬值的风险，而美元价值的急剧下跌比以往更有可能转化为通货膨胀。"[9]

萨默斯等人担心 20 世纪 70 年代的"大通胀"（Great Inflation）会再次重演。当时美国经历了长达十年的经济停滞和每年增长率为两位数的物价上涨。[10] "滞胀"一词在那个时代被用来描述经济的低迷，现在这个词又在公众讨论中卷土重来。一些观察人士甚至提出了"恶性通胀幽灵"的说法，其程度堪比 20 世纪 20 年代初肆虐魏玛共和国①的历史性通胀危机，以及如今撕裂委内瑞拉和其他一些国家的通胀旋涡。

然而，美联储的官员最初对这类警告并不重视，他们坚称价格上涨是"暂时的"，是新冠肺炎疫情暴发导致的供应链中断产生的影响。[11] 然而到了年底，他们的语气开始改变了。随着通胀率超过 6%，美联储主席杰罗姆·鲍威尔

---

① 1918—1933 年采用共和宪政政体的德国。——译者注

承认，现在可能是时候让"暂时的"这个词退休了。[12]

就美国总统拜登而言，他对物价上涨和所有对政府支出的担忧漠然置之。他坚持认为，政府支出实际上抑制了通货膨胀，这与一种日益流行的极左观点"现代货币理论"相呼应。那它是如何做到这一点的呢？拜登在2021年的白宫演讲中解释说："这种模式打破了我们经济中的瓶颈。"[13]

拜登接下来的言论让凯恩斯主义经济学家（通常是中央银行"货币刺激政策"的支持者）都瞠目结舌，他说：

在基础设施上的大规模支出将提高我们的生产率，[14]而且可以在不提高物价的情况下提高工资。这不仅不会加剧通货膨胀，还将减轻通货膨胀带来的压力，提振我们的劳动力，从而使物价在未来几年降低。

果真如此？尽管情况仍在发展，但有一件事是板上钉钉的：当通货膨胀来临时，社会秩序会乱作一团，从罗马的衰败到房地产泡沫破灭再到2008年的全球金融危机都是如此。对货币的误解导致了无数灾难，扰乱了人们的生活甚至是整个社会。如果更多的人可以了解通货膨胀的起因和结果，那么大部分破坏本是可以避免的。

本书直言不讳地讨论了为什么会发生通货膨胀，以及为什么几乎任何水平的通货膨胀对经济和社会都是"有害的"，这与华盛顿官方的主流观点相左。

正如我们将在第一章中所看到的，对通货膨胀的误解几乎和津巴布韦元上的数字一样多（津巴布韦是有史以来通货膨胀最严重的国家之一）。例如，我们经常被告知，美联储需要创造"一点通胀"来促进就业并推动经济繁荣。但当出现经济"过度"繁荣时，我们又听到中央银行需要提高利率，通过防止经济"过热"来降低通货膨胀。这种矛盾让人头晕目眩。

即使是那些有充分理由担心当今政府巨量支出的人也会经常搞错。比如你常会听到人们担忧，不断膨胀的联邦债务"将通过未来几代人来偿还"，而事实是我们已经用通货膨胀下的隐形税收为这些债务买单了。

这些错误的观点直接导致了对通货膨胀预测的不准确。在2020年底，美联储官员根据他们首选的衡量标准——个人消费支出指数（PCE），预测2021年的通胀率最低仅为1.8%，[15] 真是异想天开！事实是到了2021年底，个人消费支出指数的增长已经超过了5%，[16] 因通货膨胀而增加的

GDP 占名义 GDP 增幅的 74%。[17]

这种糟糕的预测往往会导致更糟糕的政策。不出所料的是，由"专家"做出的大多数通胀补救措施基本都失败了，还加剧了经济萎靡的状况。不仅委内瑞拉这样的长期恶性通货膨胀国家是这样，包括美国在内的发达国家也是如此。

尼克松总统在 1971 年推行的"尼克松冲击"是补救措施中最为著名的失败案例。[18] 这一措施具体包括控制工资和价格、提高关税，最为严重的是放弃布雷顿森林体系的金本位制。通过切断美元与黄金的联系，将曾经作为美国经济繁荣基础、坚如磐石的美元，变成在世界货币市场上波动且不稳定的"法定货币"。

"尼克松冲击"使世界金融体系陷入混乱，导致了 20 世纪 70 年代的"大通胀"、能源危机和长达 50 年的货币不稳定。时至今日，我们仍能感受到它的余威。这不仅包括 2021 年的通货膨胀，还包括 2008—2009 年的金融危机和美元的长期贬值。按照黄金价格来测算，美元已经贬值了 98%。[19]

就像本书中描述的其他灾难性的"补救措施"一样，尼克松施展的"治疗"也失败了，因为它加剧了通货膨胀出现的根本原因,即货币贬值——于美元就是如此。

自从货币发明以来,大多数领导人未能明白,货币的首要作用是作为价值的衡量标准。为了更好地履行这一职责,并在市场中发挥作用,货币价值必须是稳定的。人类社会4 000年的货币历史中,政府试图通过让货币贬值来解决各种各样的问题。这一模式被反复尝试,产生了极其恶劣的后果,以至于后来的政府发誓永不再犯。但不知何故,他们却一再重蹈覆辙。

伟大的物理学家牛顿明白,稳定币值与他所尊崇的万有引力定律是一样的基本概念。在他的朋友、哲学家约翰·洛克的帮助下,作为英国皇家铸币厂负责人的牛顿,于17世纪90年代对货币进行了改革,使其更加统一,并保持币值不变。[20] 后来,在1717年,牛顿将英镑与黄金的兑换比率固定为每盎司① 黄金兑换3英镑17先令10.5便士(或3.89英镑)。这个比率维持了200多年。

将货币与黄金固定挂钩的承诺,为英国实现财富增长并成为全球金融中心奠定了坚实的基础。18世纪末,英国成为工业革命的发源地,可靠的英镑也帮助这个岛国从二

---

① 在欧美黄金市场上交易的黄金,其使用的交易计量单位是金衡盎司,1金衡盎司≈31.10克。——译者注

线国家变成了世界上最强大的工业国家。

在牛顿将英镑与黄金挂钩70多年后,亚历山大·汉密尔顿为年轻的美国建立了一套效仿英国的金融体系,将美元体系与黄金和白银挂钩。健全的美元体系成为美国实现历史性经济繁荣的关键,推动这个年轻的共和国成为世界经济的领导者。到了19世纪后期,其他欧洲国家及日本均效仿英国和美国,[21] 采用以黄金为基础的货币。[22] 国际金本位制时代见证了贸易和创新的爆炸式增长,今天看来仍在许多方面无与伦比。

相比之下,今天的政治和经济机构仍然坚持这样的观点,即通过"货币扩张"制造"小幅通货膨胀"来"刺激经济"是必要的。随着时间的推移,这些观点导致了货币价值的持续下降。本书与历史所总结出的终极教训是,从来没有一个国家是通过货币贬值而实现繁荣的。

亚当·斯密在几个世纪前就注意到,真正的财富是由于人们在市场上满足彼此的需求而产生的,主要通过购买、销售和创新这几个手段,这一点古往今来始终如一。[23] 财富由技术进步创造,技术进步带来了就业机会,提高了生产力,并带来了更多的创新和财富创造。想想数以百万计的工作岗位、无数的辅助业务,以及 iPhone 等产品或亚马逊等电子商务网站创造的惊人财富，正是这些创新企业推动了人类社会的进步。

当一种货币贬值时，某些人可能收获意外之财，但对于整个社会来说将是一场损失。通货膨胀对价格和市场的严重扭曲扼杀了经济的增长与进步，造成了不公平，加剧了不平等，并激化可能导致社会和文化解体的紧张局势，这种现象被称为"大混乱"。

本书第一章"什么是通货膨胀"解释了实际的通货膨胀与我们普遍认为的通货膨胀之间的差异。大多数人认为通货膨胀与价格上涨有关，但价格上涨其实是通货膨胀的后果，而不是其原因。

实际上通货膨胀的类型有两种，"非货币性"通货膨胀下的价格上涨是由对产品和服务的需求上升来驱动的，通常这一类型的通货膨胀在市场中是自然发生的。另一种"货币性"通货膨胀，是由中央银行印钞或其他导致货币贬值的事件所造成的。本书的重点是介绍第二种通货膨胀，以及剖析它如何造成了近几个世纪的经济和社会动荡。

第二章"通货膨胀历史上不那么伟大的时刻"从罗马的衰落开始，梳理了一些恶名昭彰的货币性通货膨胀的例子。所有这些都是政府让货币贬值带来的"人为灾难"，通常由超发货币导致。

但第二章提出了一个未被重视的观点，即大量的货币供给并不一定意味着通货膨胀。货币价值就像经济体系中其他东西的价值一样，是由供求比例所决定的。因此，尽管瑞士的货币供给量相对于其规模而言很大，但瑞士的通货膨胀水平却很低。这是因为作为世界上最值得信赖的货币之一，瑞士法郎的需求量很大。

第二章还探讨了现代货币理论的倡导者今天提出的问题：为什么我们不能直接印钞？毕竟在最近由新冠肺炎疫情引起物价上涨之前，虽然美联储在2008年金融危机后为重振经济而采取了被称为"量化宽松"的历史性货币供应扩张政策，但通货膨胀水平仍相对较低。现代货币理论的支持者颇有道理地辩称，美联储和欧洲央行都已经在按照现代货币理论的原则来运作了。本书则解释了这种明显违背货币"引力"的行为本质上是一种反常现象，即这是银行监管和中央银行策略操作的结果。这些一次性事件阻碍了银行放贷，使资金无法一股涌入经济体当中。

最近，一些美联储观察员怀疑，美联储通过一项名为反向回购协议（俗称"逆回购"）的神秘交易遏制了更为严重的通货膨胀。我们在第二章中解释说，美联储一直在使用这一噱头来缓解，至少暂时缓解其发行货币造成的全部影响。看起来美联储似乎可以"随便印钞"。但正如不断上涨的日用品价格可能最终揭示给我们的那样，货币"引力"不能被长久忽视。现代货币理论的原则是导致恶性通货膨胀的原因。

第三章"为什么通货膨胀是不好的"解释了为什么所有程度的通货膨胀最终都是具有破坏性的。美联储的经济学家坚持认为，创造一个低水平的通货膨胀是"好的"，因为他们说这会促进繁荣。由于菲利普斯曲线的影响，这种具有误导性的信念已经成为美联储的"圣经"，菲利普斯曲线被认为是用来表示通货膨胀与失业率二者联系的曲线。已经有七次诺贝尔经济学奖颁给了那些驳斥这种错误联系的经济学家。[24] 但就像许多糟糕的想法一样，这种想法还是设法存活了下来。其实现实情况恰恰相反，通货膨胀最初可能会带来"高糖效应"，但经济和就业岗位的增长迟早会停滞不前。

这不只适用于那些货币问题最为严重的国家。由于美元的缓慢贬值，美国也在过去 50 年里付出了巨大的代价。如果美国保持其在 20 世纪五六十年代金本位制时期的经济增长率，其经济规模据估至少会比现在大 50%。[25]

但通货膨胀最具破坏性的影响是它对社会信任的影响,货币的发明毕竟是为了通过提供一种双方都认可的价值单位来实现陌生人之间的交易。换句话说,货币就是信任的促进者。市场其实就是由人组成的,当货币不再是可靠的价值单位时,不仅是贸易活动,连社会关系最终也会被瓦解。受极端通货膨胀影响的国家最终会经历更为严重的犯罪、腐败和社会动荡,正如我们在历史上所看到的那样,最终的结果可能是出现政治强人和独裁者的悲剧。

当然,这并不一定会发生。第四章"如何结束经济低迷"阐明,如果能够理解正确,通货膨胀可以以惊人的速度停止。价格控制等抗通货膨胀措施的问题在于,它们关注的只是通货膨胀的表现,也就是货币的贬值,而这不是通货膨胀的原因。这一章探讨了相对罕见的抗击通货膨胀的成功案例:路德维希·艾哈德战胜了德国二战后的通货膨胀,底特律银行家约瑟夫·道奇在战后的日本成功抑制了通货膨胀,[26] 以及保罗·沃尔克在20世纪70年代最终战胜美国滞胀的故事。这三个案例的成功都得益于它们旨在实现内森·刘易斯(本书的合著者)所说的"神奇公式"——稳定的货币和较低的税收。这一强有力的组合一次又一次地拯救了不断下滑的货币,并通过解放需要货币的、充满活力的、不断增长的经济体来抑制通货膨胀。

这一章还探讨了结束当前通胀的最佳方式——回归金本位制。本书阐述了一项新的金本位制的提议，该本位制既能稳定美元，又不需要美国维持大量的黄金供给。这一制度可以在相对较短的时间内实施，恢复健康稳定的美元，这将成为企业家创造和时代新进步的引擎。

第五章"你的钱该怎么办"为通货膨胀时期的投资提供了指导方针。这一章提出了一个很少被提及的观点，即证券市场容易受到通胀扭曲的影响，泡沫市场可能会掩盖资产价值的下降，因此投资者需要始终警惕这种情况。传统观点认为"平衡"投资组合的最佳风险和回报比例是"60/40"，即60%的股票和40%的债券，通货膨胀完全颠覆了这一逻辑。本章阐述了通货膨胀投资的基础知识。我们研究了从大宗商品、通货膨胀保值债券（TIPS）到加密货币等另类投资在内的各种选择的利弊。

第六章"前进的道路"包含了十个"要点"，这使得本书的重点具体化。这一章提出了一个问题：我们将何去何从？这取决于美国人是否会重新意识到约翰·洛克和牛顿传授给我们的"金融万有引力定律"，即稳健货币的重要性和通货膨胀的破坏性。

第一章

什么是通货膨胀

第一章 什么是通货膨胀

津巴布韦是世界上最声名狼藉的高通货膨胀国之一。它的恶性通货膨胀一度严重到政府发行了面值达 100 万亿的钞票。[1] 最终，这个国家不得不重启本国货币，而且这已经不是第一次了。对通货膨胀不应该狭隘地仅理解为津巴布韦元，或者委内瑞拉的玻利瓦尔、阿根廷的比索（另外两种过度通胀的货币）这样的状况，但确实有时候通货膨胀就是以这样"粗暴"的方式呈现出来的。

图1.1 津巴布韦于 2008 年发行的面值 100 万亿的钞票是通货膨胀的典型标志

纵观整个历史，通货膨胀的发生被归咎于各种原因，从恶劣的天气到工会再到华尔街的贪婪。20世纪20年代初，德国人将魏玛共和国腥闻在上的恶性通货膨胀归咎于犹太商家和银行家；几个世纪前，古罗马人将之归咎于基督徒；在中世纪，通货膨胀则被归咎于女巫。

关于这个问题的讨论充斥着谬论和错误的假设。例如，消费品价格的上涨并不意味着通货膨胀，就连人们常说的通货膨胀来自"更多的钱换来更少的商品"也可能是一种误导。虽然通货膨胀会导致生活成本飙升，但它也可以悄无声息地发生，而不引起消费品价格大幅上涨。

由于普遍缺乏对通货膨胀的认知，政策制定者经常诉诸有误导性的"解决方案"。20世纪70年代初，尼克松总统将温和的通胀归咎于"国际投机者"，[2] 并坚称是这些投机者压低了美元的价值。他的回应就是恶名远扬的"尼克松冲击"：一系列以控制工资和价格为特征的举措，并对进口商品征收关税。更为出名的是，这最终摧毁了布雷顿森林货币体系。原本在该体系下，美元拥有与黄金挂钩的固定价值。

这些措施本应是临时性的，但尼克松的"处方"引发了长达十年的"大通胀"和20世纪70年代的能源危机，更不用说对尼克松的弹劾程序以及他最终的辞职。

我们稍后将会看到,"尼克松冲击"是大多数所谓的通货膨胀补救措施中的典型代表。这些措施往往最终会让情况变得愈发恶劣,这对经济和社会的损害可能是旷日持久的。

尼克松对布雷顿森林体系的破坏尤其如此,它终结了美元在金本位制上的悠久历史,这也是美国几乎自建国以来一直奉行的货币原则。[3] 在近 180 年的时间里,美元的价值一直与黄金挂钩,其间仅有几次中断。美国很少出现通货膨胀问题,并且成了世界上经济最发达的国家。

缓慢贬值的美元

布雷顿森林体系的终结给了我们今天所拥有的一切,一个新的世界货币秩序,包括美元在内的所有货币都是价值浮动的"法定货币"。它们的价值不再是固定的,而是取决于外汇交易员的心血来潮和中央银行官员的政策。

这个新的混乱的系统存在了将近 50 年,但很少有人质疑它,并且在当今已被认为是习以为常。那些因为太年轻而无法回忆起其他相关事件的人,并不会意识到它所造成的破坏。首先,这包括 20 世纪 70 年代毁灭性的"大通胀",

随后是80年代中期开始的渐进式低等级通货膨胀。根据美国劳工统计局基于其官方生活成本衡量标准——消费者价格指数（CPI）的计算，自1970年以来，美元的购买力已经下降了86%。[4]

然而批评人士指出，该指数没有计算某些支出（最引人注目的是医疗保险成本），从而低估了通货膨胀的真实影响。如果我们看看传统的货币价值衡量指标——黄金的价格，那么美元的贬值幅度就更严重了。根据美国劳工统计局基于消费者价格指数的计算，在1970年，购买1盎司黄金需要35美元，[5]这个价格如今约为1 800美元，可见美元的价值下降了98%。

石油价格是另一个通货膨胀指标。20世纪60年代，石油价格为每桶3美元，[6]彼时石油公司是盈利的。到了2021年年中，石油价格达到每桶75美元，[7]此时的石油公司只能勉强维系生计（在2019年，许多石油公司面临债务违约的风险）。这告诉了我们什么呢？石油的价值当然不会比1965年的时候高出25倍，至少在最近的通货膨胀之前，汽油一直保持着足够低的价格，足以让汽车制造商生产出大型的、马力足的、豪华的、油耗高的汽车。石油价格的上涨反映的是美元价值60年来的下滑。

再举两个例子：可乐和麦当劳的巨无霸。在1970年，一罐12盎司的可乐只要10美分，一个巨无霸只要65美分。[8]而巨无霸的价格在50年后上涨了近8倍，达到4.95美元左右。你今天要是能在自动贩卖机里买到1美元的汽水就已经很幸运了。显然这些产品本质并没有任何改变，那为什么成本会大幅增加呢？原因就是价值不断缩水的美元。

刚开始工作的人经常想知道，为什么他们只能勉强付得起房租，而他们的父母在若干年前挣的钱比他们少得多，却可以买得起房子，主要原因就是通货膨胀。是的，你的父母可能挣得更少，但当时这些美元的价值可远高于此。

什么是通货膨胀，什么是人们认为的通货膨胀

那么通货膨胀到底是什么呢？这个词在今天的媒体和交流中运用时，被赋予了许多不同的含义。

"消费者价格指数发生了戏剧性变化。" 生活成本或消费者价格指数由美国劳工统计局编制，跟踪基于各种商品和服务的价格，以及能源和住房的生活成本。一些人说，

当消费者价格指数显示价格上涨到足以表明美元购买力下降时,就会出现通货膨胀。

经济学家和媒体在 2021 年春天首次关注通货膨胀,当时消费者价格指数比前一年上涨了 5%,[9] 这是十多年来的最大涨幅,超过了美联储经济学家认为构成货币"稳定"的 2% 的年涨幅。[10](实际上,每年将价格推高 2% 很难说是稳定的,稍后将详细讨论这一点。)

"商品价格会随着时间的推移而上涨。" 根据美联储的说法,"当商品和服务的价格随着时间的推移而上涨时,通货膨胀就会发生"。[11] 美联储声称,当需求超过供给时(即所谓的"需求拉动型通胀"),这种情况就会发生;或当供给成本增加("成本推动型通胀")时,这种情况也会发生。

这是"阶级斗争"的后果吗? 我们来看看《宏观经济学》的作者对这个问题的看法:冲突理论认为,通货膨胀问题是工人和资本之间的权力关系(阶级冲突)所固有的问题,这种关系是由资本主义制度下的政府来调解的。[12]

我们只能说这个问题扯得有点远了,以至于无法解决。至于其他阐释,它们可能会胜在其论述的明晰性上,但也都是差不多的。这是为什么呢？因为它们关注的是物价上涨，这只是表面现象，而不是通货膨胀的原因。

价格的真相。将通货膨胀简单地用"价格上涨"来表达并不能真正阐明正在发生的事情。经济学家喜欢谈论健康经济中"价格稳定"的必要性。这种想法是错误的。在一个正常的经济中，价格总是有涨有跌的。

经济学家弗里德里希·哈耶克对价格如何构成一种交互系统做出了非常著名的解释：价格可以使市场以最能满足社会需求和欲望的方式分配资源。[13] 例如，运动鞋的价格因时下社会对"热门"设计语言的需求自然会发生上涨。不断上涨的价格向生产商、商店等发出信号，表明这些时髦的运动鞋受到了消费者的欢迎。

更高的价格还有另一个目的，潜在利润的诱惑将吸引相互竞争的运动鞋制造商参与到市场当中来，新的款式，甚至更优秀的产品开始涌现，使消费者有了更多的选择，市场竞争逐渐加剧，那些热门的设计实际上可能会变得更便宜。同样，如果运动鞋卖不出去，折扣店就会降价销售，制造商也将停止生产这些运动鞋，并将他们的资源转向人们更喜欢的设计。因此，价格的涨跌对于使市场能够满足人们的需求和创造富足至关重要。

当经济扩张时，需求会增加，物价就会上涨；而当经济衰退时，人们会勒紧裤腰带，同时缩减预算，物价随之下降。即使一种币值相当稳定，情况也是如此。当国家变得更加繁荣时，物价也会上涨，例如，柬埔寨的物价就低于富裕的新加坡。如果柬埔寨变得和新加坡一样富裕，柬埔寨的物价可能会涨到新加坡的水平。

另外两个例子是日本和德国。在第二次世界大战后，他们重建了被摧毁的基础设施、房屋和企业。两国的生活水平都有所提高，各类商品和服务需求猛增，于是物价就上涨了。

在2021年初，美国和其他国家所看到的物价上涨，在某种程度上正是这种"自然"需求增长的结果。世界经济开始从因新冠肺炎疫情而停滞一年所造成的历史性创伤中恢复，人们开始重返工作岗位、旅行、外出就餐，并再次开始购物。劳动力成本也在上升，失业的人正在寻找新的工作，并协商更高的薪资报酬。由于紧急失业补贴使得人们更愿待在家中，公司也因此开出比其更高的价格来与之竞争。

两种通货膨胀？

因此，在一定程度上，部分经济观察员将新冠肺炎疫情期间的物价上涨归因于此类供给和劳动力中断的观点是正确的。这就是为什么人们常说通货膨胀有两种形式，"货币性"通胀和"非货币性"通胀。要了解经济中正在发生的事情，首先了解这两者之间的区别是很重要的。

非货币性通货膨胀。一些经济学家将这种由现实世界供需变化导致的广泛价格上涨称为"非货币性通货膨胀"。这种通货膨胀是对营销事件的反应，但通常会随着市场企稳而得到矫正。例如，恶劣的天气会导致作物减产和收成下降，价格也随之出现上涨，上涨的价格刺激农民在来年增加产量。接下来会发生什么事？价格自然会逐渐回落。

政府干预市场这种人为造成的短缺也可能导致非货币性通货膨胀。例如，阻止新住房建设的租金管制，或者政府规定上涨的最低工资，都可能导致高定价和消费者价格指数的变化。如果取消此类监管，这些价格涨幅也可以回落。换句话说，非货币性通货膨胀往往是一种短期现象，终会以这样或那样的方式解决。

但这种通货膨胀并不是我们要讨论的，也不是真正意义上的通货膨胀。大多数人认为的通货膨胀与我们在这里所谈论的不是一回事。我们所谈的不是简单的价格上涨，而是关于货币贬值导致的价格扭曲。将通货膨胀简单地定义为"物价上涨"，并不能将这个词本身所指涉的不安情绪表达出来，即认为商品和服务的价格有些不对劲，而它们似乎并没有什么理由涨价。

货币性通货膨胀：货币腐败。一年前售价100美元的运动鞋突然卖到了150美元，或你每周的日常开销过去是100美元，现在已经接近200美元。你真的会认为这一切都是新冠肺炎疫情造成的吗？那些消费账单看起来有点太疯狂了。此外，在新冠肺炎疫情之前这些物价其实就已经开始上涨了。就像你在2000年花60万美元买的那栋房子，尽管你并没有花一分钱来翻修，也没有入住这个社区，并且小区内还有很多其他房子也正在出售。但经过20多年的时间，到了2021年，你的房子最终以近93万美元的价格售出。

你会为这种"收益"兴奋不已，直到你发现，2021年的93万美元几乎无法让你买到另一套与你刚刚售出的房子价值相当的房子，你甚至可能需要多花一点钱去买些新东西，否则只能退而求其次。

这就是通货膨胀。这给我们带来了一个更为明晰的定义：

通货膨胀是当货币失去其价值时所发生的价格扭曲。

"通货紧缩"是一种与通货膨胀相反的现象，是由货币升值而引发的价格下跌所产生的。也正是基于这一原因，这种情况发生的频率要低得多。资金短缺的政府更有可能印钞并使货币贬值，而不是采取相反的措施。

货币性通货膨胀和非货币性通货膨胀都有各自的原因和影响。但正如我们从新冠肺炎疫情中所看到的，这两种情况有可能同时发生，货币性和非货币性因素可以同时推动价格上涨。了解经济中（也在你的财务生活中）正在发生的事情的关键是要知道如何区分这两者。例如，如果你几乎没有装修过这所房子，并且当地的住房市场并不火爆，可以肯定的是，你的房子接近百万美元的售价并不意味着它神奇地变得更值钱了，它的价值在被一种完全人为的美元持续贬值现象所扭曲。

识破通货膨胀的"货币幻觉"

这所假想的房子的价格可能主要反映了多年来的低通货膨胀，但人们也许无法察觉到这一现实。人们可能认为他们的房子升值了并且超出了其实际价值。这是因为所谓的"货币幻觉"，即人们倾向于将通胀扭曲的价格误解为反映"真实世界"的价值，而不是它们的真正情况，即通货膨胀和美元不断缩水的结果。人们假设了货币的价值是稳定的，但事实并非如此。

我们都倾向于认为自己的货币本质上是稳定的，从而导致我们很容易成为货币幻觉的牺牲品。美元的价值在货币市场上可能正在下跌，但在日常生活中，1美元仍然值4个25美分，或10个10美分，或20个5美分。很少有人意识到美元在外汇市场上的价值也是它在你口袋里的价值。

通货膨胀对其他国家货币的影响很容易就可以被观察到。例如，如果你在1994年去墨西哥度假，1美元相当于3比索（墨西哥官方货币）；如果你今天再去的话，1美元可以换20比索左右。比索价值的明显下降解释了为什么旅游纪念品的价格在墨西哥上涨，更不用说食品、汽油和其他必需品了。这也解释了为什么以比索为单位的价格涨幅约为以美元为单位的价格涨幅的六到七倍,这就是几十年来在整个拉丁美洲引起长期问题的货币性通货膨胀。

墨西哥不断贬值的货币是该国工人难以出人头地的原因,这也是没有一个拉丁美洲国家(可能除了智利)达到发达经济体的地位,以及像阿根廷这样的国家在 1900 年比今天相对富裕的一个重要原因。

那么美元呢? 我们很容易看出比索相对于美元正在贬值,但我们如何知道美元的走势呢?我们用什么来和美元进行比照?经济学家看重各种指标,他们将美元与消费者价格指数、商品价格、欧元或英镑等其他主要货币进行比较,或使用其他指标。但到目前为止最好的比照对象还是黄金,在近两个世纪的时间里,黄金一直是美国稳定货币价值的首要基准。

这种黄色金属长期以来一直被用来衡量货币价值,因为在整个历史过程中,它的内在价值基本上没有发生变化。专家估计全世界已经开采了大约 70 亿盎司黄金,这些黄金到今天几乎都还在。[14] 黄金的供给相对于需求来说一直保持稳定,并且它的价值相对于其他经济体也一直保持稳定。因此,当黄金价格上涨或下跌时,这些变化反映的不是黄金的价值,而是美元价值的波动。

美联储前主席艾伦·格林斯潘指出,"在过去的几十年里,商品和服务的价格时有波动,但黄金与商品和服务的兑换比例一直保持相对稳定"。[15]

为什么黄金价格是一个重要的通货膨胀指标

黄金相对于其他经济体的稳定价值使得这种黄色金属成为美元价值和通货膨胀前景的重要晴雨表。当购买一盎司黄金需要更多美元,并且这种趋势持续数月或数年之久时,就意味着美元正在贬值。如果消费者价格指数、商品价格、外汇汇率和其他指标都出现了同样的情况,就可以百分之百地确定市场正在经历一场"货币性通货膨胀"。与之相反,黄金价格也可说明通货紧缩是否反映了货币的走强,或者只是市场对价格压力的一个反馈。

黄金价格是一个特别关键的指标,因为经济是一个复杂的生态系统,可能会有混乱的,有时甚至是相互矛盾的信号,而黄金可以穿透这些庞杂的干扰。例如,在2008—2009年的金融危机期间,美联储历史性的货币扩张政策被称为量化宽松政策,导致金价飙升至每盎司1 900美元以上,[16]导致美元大幅贬值,并发出了潜在通货膨胀的警告。然而，许多消费品价格实际上出现了下降，这是为什么呢？企业和个人仍在努力从2008年的金融危机中恢复过来，买入和卖出的人越来越少。但即使没有发生历史性危机，通货膨胀也需要时间才能在经济中发挥作用。

通货膨胀的预兆

通货膨胀通常被描述为"突然爆发"和"突如其来"，但实际并非如此。货币贬值可能需要一段时间才能在市场中彰显出来。

通胀率的缓慢攀升。 当货币贬值时，投资者和其他寻求财富保值的人会一如既往地购买硬资产——不仅是黄金和其他贵金属，还有小麦、木材尤其是石油等商品。依赖这些产品的生产商首先感受到的是由此导致的价格上涨，有些生产商会立即将上涨的价格转嫁给消费者。汽油零售价格紧随原油价格走势，机票很快也反映出航空燃油价格的变化。

"亲爱的，他们让美元缩水了。" 生产商可能会通过产品的缩水来抵御不断贬值的美元带来的通货膨胀压力。你可能会注意到,你吃到的草莓或薯片越来越少,盒装麦片里的麦片也越来越少,也许那卷厕纸没有那么宽了,或者你在当地餐馆吃的早餐里的香肠变小了,有人把这种现象称为缩水式通胀。

折扣连锁店美元树过去只卖1美元的产品,最初他们试图通过在一些商品上使用较便宜的包装来应对新冠肺炎疫情后的通货膨胀,并大量购买某些产品以压低运输成本。[17] 唉!与通货膨胀抗衡难以为继,最终这家连锁店也被迫提高了价格。[18]

尽管如此,这种控制价格的措施往往不会让消费者立即感受到通货膨胀的影响。还有长期合同的影响。例如,由于生产商同供应商签订的合同有一定的固定期限,那么价格上涨就可能需要一段时间;薪资合同也属于长期合同,薪资往往增长缓慢,随着薪资上涨,企业成本也随之提高,价格上涨幅度则更大。同时随着租约到期,租金也会上涨。对于美国这样的国家来说,通货膨胀可能会缓慢开始,因为这些国家的企业往往基于长期合同开展业务。

在有严重通货膨胀历史的国家,价格上涨得更快。例如,在墨西哥或阿根廷等国,合同通常是短期的,或者是为了应对价格上涨而制定的。这就谈到了另一个问题:人类心理对于加剧通货膨胀所产生的作用。

2021年夏天,社会停摆后的价格上涨速度似乎加快了步伐。记者约翰·斯蒂尔·戈登发出了警告,他写道:"一旦通胀预期站稳脚跟,就很难阻止了。[19] 在20世纪70年代的上一次大通胀中,我们经历了自大萧条以来最严重的一次衰退,才控制住了通货膨胀。"

当货币贬值时

为了理解一种货币如何贬值并导致通货膨胀,务必要了解货币在经济中的作用。你可能听说过对于货币的诸多释义。我们被告知,它是"一种交换媒介""一种记账单位""一种价值储存手段",等等。但这些定义都忽略了货币的主要功能,即作为价值的衡量标准。

货币是一种测量工具,就如同时钟、尺子或天平一样。但它衡量的不是时间、空间或重量,而是某物的价值。美国的开国元勋们在起草美国宪法时似乎承认了这一点,他们在制定度量衡标准的法案中描述了国会铸造和监管货币的权力。

古人在几个世纪前发明了货币,以提供一种共同接受的价值衡量标准,消除以物易物的混乱。在货币发明之前,买卖双方交换物品时必须达成一致。例如,双方同意一方的一袋子鸡与另一方的一蒲式耳小麦的价值相等。硬币则提供了一种具有共识性的价值单位,避免了纠纷,也使交易变得更容易了。你可以掏出几枚硬币,而不是带着一袋子嗷嗷叫的鸡去买那袋小麦。

事实上,货币首先是一种衡量工具,这可以从人们不信任货币时的反应中得到说明,他们会找到替代品。第二次世界大战后,德国人经常把香烟当作货币。在20世纪70年代的意大利通货膨胀期间,糖果被当作零钱来交易。遭受严重通货膨胀国家的公民如今通常会选择美元或欧元,而不是本币。旅行者可能会发现,在越南或秘鲁,美元和当地货币一样被广泛接受,其原因通常十分明显,看看当地纸币上有多少个"0"就知道了。

那加密货币如何呢? 一些读者可能会想,如果货币是一种价值必须稳定的衡量工具,那么比特币和其他加密货币呢?不是每个人都会喜欢我们的答案,也就是大多数加密货币至少在目前都不是好货币,因为它们并不是可靠稳定的价值衡量标准。加密货币可能是作为政府"法定"货币的替代品而被发明的,但目前加密货币的形势更加动荡。

例如,众所周知的比特币在一天内就可以贬值一半。[20] 如果美元或欧元也出现同样的贬值,就将被视为经济体的崩溃。

一些企业可能会宣称它们接受数字货币,但是你知道有多少人经常用数字货币来支付日常开销或房租呢?这种情况正逐渐转变,贝宝等平台可以即时地将其商家的加密货币兑换成美元。[21] 几年前以美元取代本国货币的萨尔瓦多,已将比特币作为法定货币。[22] 金融基础设施如何处理比特币的日常支付仍有待观察。

目前加密货币的功能更像是一种支付系统,而不是一种具有实际价值的货币。但随着被称为"稳定币"的新型加密货币的兴起,这种情况可能很快就会发生改变。它们与美元、黄金或大宗商品等特定资产挂钩。尽管目前最知名的稳定币——泰达币(Tether)仍然面临质疑,但它是少数真正有潜力发挥真实货币功能的数字货币之一。至少就目前而言,大多数加密货币都不是稳定的价值衡量标准。

为什么这一切都很重要?因为要想让一种货币被广泛用作"大钱",它必须是一种可靠的价值衡量标准。当不能履行这一功能时,它就不再被信任。当货币不再被信任时,它最终会失去价值,经济就会面临通货膨胀。

第二章

通货膨胀历史上不那么伟大的时刻

第二章 通货膨胀历史上不那么伟大的时刻

第一章我们解释了导致价格上涨的原因有很多,像供应链中断、对爆款产品及服务的需求陡增或政府规制造成的产量下降等非货币性事件。好消息(如果可以这么说的话)是价格上涨的原因通常是相当明显的。例如,你会看到媒体报道劳动力或卡车司机短缺可能是推动价格上涨的原因。但这些事件往往是暂时的。供应链的中断迟早会结束,即使是像房租管制这类推高价格的政府限制也能被取消。当这些规章被废除时,短缺将会消失,价格也会随之下降。

然而,货币性通货膨胀,也就是那种对经济和社会造成破坏的真正的通货膨胀则不同,它是政府货币贬值所导致的价格腐败。

第二古老的职业。 降低货币成色被称为世界上第二古老的职业,因为它自发明货币以来就存在了。最早的硬币是在公元前 7 世纪的吕底亚(古国,位于现土耳其西北部)铸造的,它并不含有其面值表示的金和银。[1] 政府(以及造假者)在古代通过将硬币熔化,然后用更便宜的金属混合较低比例的黄金或白银重新发行来降低货币成色。这些新创造的"财富"可能比旧货币的价值还低,但至少在一开始,它可以为债务缠身的政府和统治者的过度支出提供资金。

尼禄"篡改"了罗马货币。罗马皇帝尼禄(公元 37—68 年)降低了罗马货币的成色,以支付"放纵的"奢侈活动的费用:包括奢靡的庆典、豪华的宫殿和送给朋友的礼物。[2] 用历史学家苏维托尼乌斯的话来说,"他制作礼物,浪费货币,毫不吝惜"。[3] 尼禄通过在银币中加入铜来降低罗马银币的价值,这种大约 10% 的相对较少贬值只是一个开始。[4]

到了公元 260 年,日益腐败的罗马政府开始降低货币成色来支付他们的账单,这些硬币最终只含有 4% 的银。[5] 然后,为了让诡计继续下去,他们铸造的硬币面额越来越大,价格也自然随之上涨。有一种说法是,4 世纪中叶的小麦价格已经比 2 世纪中叶高出了近 200 万倍。[6] 罗马经济陷入了恶性通货膨胀，士兵们最终拒绝再接受垃圾硬币，只接受可以作为支付手段的商品。在罗马帝国的外围地区，货币完全被弃用了，人们又开始以物易物。他们也不再保持写作记录的习惯，黑暗时代由此开始。

中国通胀了"树皮"。 与此同时，中国人最先展示了纸币的潜力，他们大约在9世纪早期就曾短暂使用过纸币。[7] 但第一张真正的纸币是在200年后由四川商人发明的。不出所料，当时的政府很快接管了印钞业务，在随后的恶性通货膨胀中，彼时的政府被中国东北地区的游牧部落推翻。

金朝人也着迷于把零碎纸片当作货币进行流通的想法。非常不幸的是，在处理这项新发明时，他们并没有比他们的前辈做得更好。恶性通货膨胀之后，金朝被蒙古族游牧部落击败。在又经历了两次朝代更迭和两轮恶性通货膨胀之后，中国人终于对纸币感到厌恶。在1440年左右，中国在接下来的500年里恢复了高度可靠的铜和银铸币。[8]

探险家马可波罗将中国的纸币知识带回了欧洲，他在著名的《马可波罗游记》中描述了"伟大的可汗如何把树皮制成类似纸的东西，并将其当作货币在国内发行"。马可波罗在1295年回到威尼斯，但是纸币未在欧洲流行起来。[9]

当你能使真正的金币和银币贬值时,为什么要贬值"树皮"呢?

欧洲:重商主义和通胀率。16世纪的欧洲重商主义君主是地狱般的通货膨胀主义者,他们贬值了硬币,通过减少白银含量来降低其价值。英国最臭名昭著的硬币剥削者是国王亨利八世,他以反复结婚和离婚而闻名。他在1542年开始了所谓的大萧条,为与法国和苏格兰的战争提供军费,也为他奢侈的皇室生活提供资金。[10] 英国曾经可靠的银硬币中的银含量减少了约三分之二,[11] 导致小麦价格飙升。[12] 市民们囤积贵金属含量较高的旧硬币。外国供应商也要求用金条付款,导致黄金短缺,进而损害了贸易。亨利八世的女儿、王位继承人伊丽莎白一世最终扭转了局面,发行了高质量的英国银币,其稳定性持续了几个世纪。

通货膨胀使西班牙帝国衰落。西班牙的领土从加利福尼亚延伸到菲律宾,在墨西哥和玻利维亚也拥有丰富的矿藏,西班牙在16世纪引领了重商主义者对黄金和白银的追求,西班牙的"银圆"成为中国、菲律宾以及从阿根廷到美洲殖民地整个新世界的常规货币。[13] 但对于渴望收入的西班牙政府来说，世界上所有的银圆都不够。尽管它的银圆仍在墨西哥城铸造，西班牙还是从 1599 年开始贬值本国的货币。

一段漫长而悲伤的经济衰退就这样开始了，政府通过发行大量面额越来越高的铜币来艰难地支付账单。

到了 17 世纪 40 年代，曾经像巨人一样横跨世界的西班牙，几乎无法管理自己的国内事务，王室一度无法筹集资金前往附近的避暑别墅，有时甚至连面包都买不起。[14] 帝国在外来入侵、国内分裂和独立运动的压力下解体，法国最终取代西班牙成为欧洲的强国。

法国恶性通货膨胀。"我死后，哪管它洪水滔天！"这句"名言"被认为出自国王路易十五，但更适用于他的曾祖父——（名不副实的）太阳王路易十四。17 世纪后期，由于路易十四对货币的大肆贬值和挥霍，法国濒临破产。[15] 他的最终解决方案是什么呢？不仅仅是更多的通货膨胀，甚至可以说是有史以来最具破坏性的通货膨胀计划之一。这位令人不可思议的设计师是约翰·劳，一位苏格兰经济学家、冒险家和被判有罪的杀人犯。他潜入法国社会上层，后来又进入了法国政府。他说服了国王，获得偿付能力的方法是通过密西西比公司开发新世界的财富。[16] 这家政府所有的贸易企业将以印刷纸币的新方式获得资金。这会出什么问题呢?

一言以蔽之,一切都会出问题。该公司对今天的路易斯安那州的勘探只发现了沼泽和蚊子。当这个项目没有成功时,"密西西比泡沫"就破裂了,股价开始暴跌,法国货币的价值也是如此。随之而来的灾难性通货膨胀迫使约翰·劳逃离这个国家,此后的几代法国人都不再使用纸币,回归只使用银币的日子。[17]

不值一张大陆币。英国的美洲殖民地也因滥用纸币和通货膨胀而臭名昭著。马萨诸塞州在 1690 年使用纸币给士兵发军饷,以向法国殖民地魁北克发动战争。[18] 据说这笔钱后来可以兑换成银币,但马萨诸塞州一直推迟兑现日期并印制更多的纸币。这一策略最初非常成功,以至于印钞在殖民地风靡一时,导致了严重的通货膨胀,英国最后不得不介入并禁止使用纸币。

不出所料,1775 年美国独立战争开始之后,暴发户殖民者的首批行动之一就是带回纸币给士兵发军饷。[19] 第一种美国货币——大陆币——被过度印刷,变成了"五彩纸屑",最终湮没在恶性通货膨胀中。在接下来的近两个世纪里,"不值一张大陆币"是毫无价值的通俗说法。[20] 纸币也随着1789年法国大革命的到来而回归法国。[21] 纸币在恶性通货膨胀中崩溃,导致了第一共和国的灭亡。拿破仑·波拿巴出面恢复秩序,一种与黄金挂钩的可靠新法郎在1800年问世,直到1914年才改变。[22]

这些痛苦的失败也带来了一线希望,促使约翰·洛克和亚当·斯密等启蒙思想家的崛起,使人们认识到通货膨胀主义的愚蠢。美国殖民者放弃了他们长达一个世纪的政府发行法定纸币的实验。新美国的第一任财政部长亚历山大·汉密尔顿后来接受了稳健美元的原则。[23] 这些故事的寓意是:货币就像经济体中的其他任何东西一样,太多的时候就会失去其价值。

印钞并不一定意味着通货膨胀

一种货币的价值就像其他任何东西的价值一样,最终是由供求关系来决定的,因此,"印钞"必然导致通货膨胀的观点实际上是不正确的。当货币供过于求时,货币就会贬值,通货膨胀也会随之而来,但供过于求不同于"供大于求"。

瑞士法郎的例子。如果巨额货币供给是物价上涨的原因,你可能会认为瑞士会被恶性通货膨胀压垮。该国人口不到900万,人均基础货币是加拿大的8倍,而加拿大的人口为3 800万,是瑞士的4倍多。

与之相反,瑞士法郎在过去100年中一直是世界上最可靠的货币之一,其通胀率低于美元、英镑、欧元或之前的马克。由于这一良好记录,瑞士以外的许多人都渴望持有以瑞士法郎计价的资产。换句话说,外界对瑞士法郎的需求很高,为了满足不断扩大的需求,同时防止货币令人不安地升值,瑞士中央银行不得不大幅增加瑞士法郎的供给。[24]

一个充满活力的经济体是可以享受充足的货币供给却没有通货膨胀的。当有足够的需求时,经济体中的货币数量可以大幅增长。在1775—1900年之间,美国的基础货币供给量估计增加了163倍。[25] 但美元对黄金的价值几乎没有变化。没错!货币数量增加了163倍,美元的价值却没有变化。

这怎么可能呢?答案还是因为需求,美国在19世纪经历了指数级的经济增长,蓬勃发展的经济对货币有着巨大的需求。美国首任财政部长亚历山大·汉密尔顿通过建立以稳健货币为基础的金融体系，消除了威胁这个年轻国家的战时恶性通货膨胀，使美元与固定价值的黄金挂钩。这让这个举步维艰的共和国变成了吸引投资资本的磁石。到19世纪末，美国已经成为世界领先的工业强国。

如今，美元是一种主要的国际货币。有些人认为，现存的美元钞票有一半以上是在美国境外流通的，它们被世界各地认为美元比本国货币更可靠的人所需要。

并非供给过剩，而是一种货币"失灵"

正如一种货币可以在供给爆炸式增长的情况下保持其价值一样，还有一种情况就是当货币供给不增加时，它的价值下跌了。这就是1933年在美国发生的事情，印钞量没有激增，但美元的价值却下跌了41%。[26] 为什么呢？为了对抗大萧条，富兰克林·罗斯福让美元贬值了。

同样，20世纪90年代末泰铢和俄罗斯卢布的崩溃也并非由"印钞"促成。[27] 泰国和俄罗斯政府并没有试图让本国货币贬值，导致贬值的原因是基于对货币管理不善的准确认知而造成的需求下降，也就是所谓的"信心丧失"或"失去自信"。

但一个知道如何管理本国货币的政府可以防止信心的动摇演变成一场全面的灾难。在 20 世纪 90 年代末的亚洲金融危机期间，人们普遍担心港元会屈服于拖垮其他亚洲货币的那些投机活动所带来的压力。但这种情况从未发生过，因为香港特区政府知道自己在做什么。港元保持住了与美元挂钩的稳健货币地位。

供给、需求与"信心丧失"

我们之前解释过，货币首先是能促进贸易的价值衡量标准。要履行这个角色，它必须被认为是可靠的，即它必须被信任。威胁这种信任的事件或看法会引发所谓的"信心丧失"，从而会摧毁一种货币。

蜂拥离场。 什么会引发信心丧失？任何表明一种货币有贬值危险的事情：一个国家面临灾难性的军事失败，或者不计后果的政府支出增加了货币供给大幅扩张或货币直接贬值的可能性。这些情况会引发恐慌，导致人们抛售这种货币。他们想在钱贬值之前尽快逃离。信心极度丧失会导致对货币价值的灾难性破坏，并引发通货膨胀。越南和阿富汗就是两个例子。南越西贡伪政权的货币在其 1975 年春战败后大幅贬值。[28] 与之类似,当拜登总统在 2021 年 8 月突然宣布从阿富汗撤军时,阿富汗货币也变得几乎一文不值。[29]

政府和中央银行喜欢将信心丧失暗示为一种非理性的反常行为,但事实并非如此。在 1931 年,当时英格兰银行暗示不会通过减少货币供给量来维持英镑的币值,由此导致的通货膨胀带来的货币贬值完全是理性的。[30] 英镑的贬值引发了人们对日元贬值的担忧,当时日本也处于政治动荡之中(日本侵占了中国东北地区,并在几个月前镇压了一场日本国内的军事政变)。不出所料,当年 12 月日元下跌了。[31]

在货币供给量没有变化或政府资产负债表出现问题的情况下,人们也可能会对货币失去信心。按照今天的标准,在 20 世纪六七十年代的美国,联邦债务和赤字微不足道,平均预算赤字仅占 GDP 的 1.3%。[32] 债务与 GDP 的比率约为 35%,而且还在持续下降。[33](这个比率目前是 127%,并且还在上升。)但在林登·约翰逊和尼克松总统时期,操纵经济和利率的企图很明显比维持美元的稳定更具优先级,人们对美元和管理美元的人都失去了信任。

这场信心危机引发了 20 世纪 70 年代的大通胀,尽管尼克松总统上任之初面临着温和的通货膨胀,但当他在

1971年8月切断了美元与黄金的联系后,美元正式开始下跌。"尼克松冲击"意味着:长期以来无所不能、一直是美国和全球经济基石的美元,现在其价值将在全球货币市场上出现波动。

如果总统本人在电视上宣布他实际上是在把美元扔进狼群,你难道不会失去信心吗?这种信心的丧失直接反映在黄金价格的上涨上。1970—1974年,1盎司黄金的价格从35美元上升到175美元。[34]这让当时的经济学家感到惊讶,因为此前过度印钞似乎并不是问题,基础货币(流通中的货币和银行准备金数量)在1971年只增长了7%。[35]

美元基础货币供给量在20世纪60年代整个十年间确实增加了51%,[36]但请大家记住,货币供给本就可以根据需求而扩大。美国经济在20世纪60年代蓬勃发展,美元的价值基本能保持不变。基础货币供给在20世纪70年代进一步增加,但这一增加远远不足以解释这一期间美元价值暴跌的现象。黄金价格在这十年间上涨了超过2 000%。铜、小麦和石油等大宗商品的美元标价也随后飙升。油价在1973—1974年期间翻了四番。[37]人们错误地将其归咎于阿拉伯国家对美国在"赎罪日战争"期间支持以色列的报复。但现实情况是阿拉伯石油生产国通过提高价格来应对美元的暴跌，大通胀（十年的经济低增长和物价上涨）已经开始了。

恶性通货膨胀的"超级风暴"

货币专家史蒂夫·汉克将恶性通货膨胀定义为物价每月上涨50%且持续较长时间的通货膨胀。[38]美国人通常把这种极端情况与20世纪20年代的魏玛共和国，或今天的委内瑞拉、阿根廷联系在一起。但恶性通货膨胀远比大多数美国人意识到的更为普遍。自20世纪80年代以来，这些通货膨胀的大旋涡席卷了拉丁美洲国家、津巴布韦等非洲国家、几乎所有苏联加盟共和国，甚至一度波及到了以色列。中国、德国和日本在第二次世界大战后也都经历了一轮又一轮的恶性通货膨胀。

在恶性通货膨胀中，货币供给的扩大与需求的下降同时发生，形成了一场超级通货膨胀风暴。这些国家对此猝不及防。由于无法吸引那些担心国债会变得一文不值的投资者，资金短缺的政府往往会进一步加大印钞力度。20世纪20年代魏玛共和国臭名昭著的恶性通货膨胀，就是一个典型的例子，说明了由于极度丧失信心而导致的"货币死亡"所带来的灾难性后果。

在第一次世界大战结束后，欧洲盟国在 1919 年的《凡尔赛条约》中要求战败的德国支付战争赔款。[39] 为了给这笔巨额债务筹集资金，也为了支付政府工作人员的工资，当时的魏玛共和国启动了印钞机。1919 年 1 月至 1920 年 2 月期间，其基础货币总量增加了 58%。[40] 人们发现了这一趋势，马克的价值暴跌，兑换 1 美元（当时与黄金挂钩）所需的马克在这 13 个月中增加了 11 倍，而这只是一个开始。

要了解马克的价值究竟下降了多少，一个方法是用与黄金挂钩的美元来衡量整个货币供给的价值：在 1919 年 1 月，马克的总供给量价值 62.5 亿美元；到了 1922 年 1 月，它的价值只有 11.2 亿美元。随着 1922—1923 年末恶性通货膨胀的加剧，马克的总供给量的价值暴跌至 1.01 亿美元。雪上加霜的是，当时的中央银行被非理性的观点驱使，加印了更多的钞票——它认为问题在于货币短缺，需要加印更多的钞票来跟上物价上涨的步伐。

马克价值的暴跌导致物价上涨，削弱了人们对货币的信心，并让人们陷入了恐慌的恶性循环。人们急于购买任何他们能拿到的硬资产来保存他们的财富。亚当·弗格森在他的讲述魏玛共和国恶性通货膨胀的经典历史著作《当货币死亡》中讲述了一个著名的故事：不会弹钢琴的人买了钢琴。[41]这种狂热的活动进一步推高了物价。在通胀最严重的阶段，马克的恶性通胀率达到了每月近30 000%的惊人水平，[42]相当于每三到四天价格就翻一番。用弗格森的话来说："你去一家餐馆，发现一顿饭要花8 000马克。你点了餐并用餐，当账单来的时候，8 000马克变成了16 000马克。"[43]旧货币在1923年11月被废除，取而代之的是一种与黄金挂钩的新货币。[44]这是许多受恶性通货膨胀困扰的国家的典型做法。一些遭受恶性通货膨胀的国家，如萨尔瓦多和厄瓜多尔，已经放弃了本国货币，转而使用美元。

为什么恶性通货膨胀不仅仅是"更严重的通货膨胀"

大多数人认为恶性通货膨胀就是通货膨胀失控，这基本上是正确的，但是二者还有一些重要的区别。在严重的通货膨胀中，比如20世纪70年代经历的货币危机，货币供给的增长不会达到恶性通货膨胀的程度。例如，"尼克松冲击"是一种短期的凯恩斯主义刺激措施，目的在于使经济摆脱温和的衰退。

但在恶性通货膨胀中，货币扩张不是暂时的，而是作为政府财政收入的主要手段。魏玛共和国时期的恶性通货膨胀就说明了这一点。德国印钞不仅是为了支付第一次世界大战的赔款。在1922年，德国政府总开支的63%都是由增发货币来提供资金的，[45]关停印钞机意味着一夜之间63%的政府开支无法支付。

类似的印钞成瘾也困扰着当今像委内瑞拉和阿根廷这样的恶性通货膨胀国家。在这些国家，印钞是政府日常运作的一部分，就像税收一样。这种货币的持续贬值导致生活成本无休止地螺旋式上升，不仅扭曲了经济，也扭曲了生活的方方面面。

现代"通货膨胀主义"

幸运的是，美国人到目前为止还没有经历过这种噩梦。从19世纪到20世纪早期，包括英国、美国、意大利、奥地利、俄罗斯、巴西、阿根廷、智利、西班牙、葡萄牙、希腊和日本在内的一长串国家都曾有过短暂的浮动货币时期，通常都是战争的缘故。但它们中的大多数最终重新使用与黄金挂钩的稳健货币，和黄金一样好的稳健货币被认为是最为理想的货币。

但随着20世纪30年代的大萧条的出现，这种想法开始发生变化。尽管在第一次世界大战后，通胀灾难席卷了德国和其他国家，但"通胀主义"又卷土重来。这一次它不仅值得尊敬，还被视为一种道德上的"善"。

凯恩斯的崛起。 富兰克林·罗斯福在 1933 年上任总统时，让美元贬值以重振陷入困境的经济。[46] 据《纽约时报》报道，他的目标是"提高价格，保护我们的贸易地位"。富兰克林·罗斯福没收了美国公民的黄金，然后开始让美元贬值了 41%，每盎司黄金的价格从 20.67 美元涨到 35 美元。但这并没有起到很好的作用，因为大萧条一直持续到 20 世纪 30 年代末。即便如此，人们还是普遍相信：大萧条是"不稳定"市场的失灵造成的，解决之道在于政府的积极行动。

英国经济学家约翰·梅纳德·凯恩斯因提出政府可以通过政府支出和改变货币价值来创造经济繁荣的观点而声名鹊起。[47] 然而，尽管具有如此大的影响力，他还是输掉了关于回归金本位的辩论。

由于对 20 世纪 30 年代爆发的动荡的货币贬值和浮动汇率感到沮丧，世界各国在 1944 年齐聚新罕布什尔州布雷顿森林的华盛顿山酒店，试图建立一个新的战后全球金本位制体系。

凯恩斯在 1946 年去世,但他的思想继续被他的追随者所完善,通货膨胀是一种积极力量的观点继续获得了支持。20 世纪 50 年代,新西兰经济学家威廉·菲利普斯提出了菲利普斯曲线,将繁荣时期和"充分就业"同高通胀水平联系起来。[48] 这种逆向思维导致尼克松总统和他的美联储主席阿瑟·伯恩斯在 1970 年的温和衰退中采取了"宽松货币"策略。[49] 尼克松在 1971 年 1 月宣布他"现在是经济学上的凯恩斯主义者"。美国对稳健货币和布雷顿森林金本位的承诺在几个月后也走到了尽头。

凯恩斯主义在 20 世纪 70 年代的大通胀后失宠,菲利普斯曲线也被一系列诺贝尔经济学奖获得者所驳斥。[50] 不幸的是,糟糕的想法可能是最难被扼杀的。21 世纪的头几十年,称自己为"凯恩斯主义者"似乎有些过时,但凯恩斯主义的政策依然存在。美国和其他国家依赖于不稳定的无锚货币。通货膨胀主义又卷土重来了。

凯恩斯主义美联储的失败

美联储的中央银行体系是在 1907 年大恐慌之后于 1913 年建立的。它最初的使命是充当美国贷款机构的最后贷款人,以防止足以导致危机的银行挤兑。[51]美联储向银行提供流动性,以满足美国庞大农业经济季节性的现金需求。中央银行的最终目标是要保护美元的稳定和防止通货膨胀。

这一任务在今天听起来有些古怪。在一个多世纪的时间里,美联储大幅增加了其能动性。1946年的《就业法案》要求联邦政府处理通货膨胀和失业问题。这被认为是适用于美联储的政策。[52]20世纪70年代末,国会要求美联储接受凯恩斯主义的两大任务,通过调节利率和货币供给来实现物价稳定和充分就业。美联储的目标不再是维持美元的稳定,而是引导经济发展。[53]经济将要衰退?那就注入廉价资金。经济泡沫过多?那就收紧货币政策。

美联储由12家地区性联邦储备银行组成,这是美国各银行存放现金或所谓准备金的地方。当中央银行想要向经济注入资金时,它会展开一种被称为"公开市场操作"(OMO)的过程。这涉及购买证券,主要是从投资银行等金融机构购买政府债券。这些机构是这类证券的"一级交易商"。[54]为了购买债券,美联储经常会以数字方式"凭空"创造货币。这个过程本质上是双重的:它通过将资金引导到银行使其放贷来扩大货币供给;与此同时,债券发行者

"山姆大叔"①获得了支付账单的资金。

当美联储想要收紧或减少货币供给时,它会逆转这一程序,向银行出售债券。银行购买这些债券,它们的钱回到美联储,然后就"消失了"。

如今的中央银行表面上是独立的,它们本应不受政客们"大政府"庞大开支的影响而运作,但事实并非如此。著名经济学家朱迪·谢尔顿在《华尔街日报》上撰文指出,大约四分之一公众持有的联邦债务为美联储所有,财政部必须为其支付利息,再加上美联储每周都会向财政部汇款的做法,货币政策和财政政策显然被混为一谈。[55] 换句话说,华盛顿官方依赖美联储购买债券及增发货币来提供源源不断的"无息"贷款。(此外,几乎所有支付的债券利息——现在每年超过 900 亿美元——都回到了财政部。)这种由美联储推动的借贷助长了恶性通胀循环(见图 2.1),导致了更大的政府规模以及更多的政府开支及债务,这反过来又增加了美联储的压力,迫使其继续发行更多的货币以维持这些无息贷款的发放。

这就是为什么一些人担心,在可预见的未来,美联储

---

① Uncle Sam,是美国的绰号和拟人化形象。——译者注

会忍不住将利率人为地保持在低水平,只会小幅加息。不幸的是,事态似乎正朝着这个方向发展,而且不只是在美国,其他国家的政府也在寻求低息贷款,期望中央银行压低利率,而所谓"独立"的中央银行也在遵从这个要求。它们购买债券有效地为政府提供资金,从而创造了太多的货币,推动了通货膨胀。

图 2.1 美联储的货币创造如何刺激通胀和政府债务

从 "凯恩斯主义" 到 "类固醇通货膨胀"

几十年来,美联储主要以调节利率这种方式,通过公开市场操作来引导经济。当时的假设是,降低利率会减少借贷成本、刺激经济活动,而加息则会抑制这种趋势。这种"凯恩斯主义"工具的使用在 21 世纪达到了前所未有的规模,但其转折点始于 2008 年的金融危机和大衰退。

此前,公开市场操作主要是通过降低("宽松")或提高短期利率来调节货币供给,但在 2008 年的金融危机之后,美联储采取了一种被称为"量化宽松"的新策略。美联储没有以短期利率为目标,而是以前所未有的规模购买了长期国债和抵押贷款支持证券。这些数额庞大的购买使美联储和其他参与量化宽松的中央银行让利率到达接近于零的历史低位,其目的是支撑摇摇欲坠的金融体系,通过大幅降低借贷成本来实现经济复苏。

其实,美联储早已加大了"宽松货币政策"的力度,而正是宽松的货币政策导致了房地产泡沫,并由此引发了金融危机。但当时几乎没有观察者注意到这件具有讽刺意味的事。在 2012 年的一次演讲中,时任美联储主席本·伯南克解释了这一不同寻常的举动是如何受到凯恩斯主义经济学家詹姆斯·托宾观察结果的启发。[56]托宾几年前曾提出,"美联储在大萧条期间购买长期证券可能有助于美国经济复苏"。

美联储的量化宽松策略具有深远的影响,美联储和其他中央银行不再通过买卖短期证券来调节利率和货币,而是成为更强大的长期债权人,在经济中发挥了更大的影响力。以日本央行和瑞士央行为典型的一些中央银行,甚至开始购买企业股票或房地产投资信托基金。[57]美国政府和其他一度谨慎的政府,在中央银行通过购买国债可以有效地削减赤字这一表象的鼓舞下,恰恰创造了有史以来在和平时期最大的赤字。[58]

推动美联储此举的还有《巴塞尔协议 III》中关于全球银行业监管的新规定。[59]新规于 2010 年首次实施,旨在通过使银行大幅增加准备金的要求,以防再次发生 2008 年的危机。因此,中央银行不得不大幅增加货币供给,以满足银行对美元的需求。为了进一步鼓励银行扩大保护性的准备金储备,美联储采取了另一项前所未有的举措,开始对这些准备金支付利息。[60]《格兰特利率观察家》的编辑詹姆斯·格兰特阐明了这一行动的结果,"这些万亿美元中的很大一部分被锁在了美联储的惰性账户里,它们没有流通,就像处于深度冻结中一样。"[61]

不存在的"通货膨胀"。这种"深度冻结"正是这让人广泛担忧的量化宽松政策并未带来20世纪70年代那种"大通胀"或更加恶性的通胀局面的原因。尽管如此,一种新的看法正在浮现:美联储可以大量印制钞票,而不会让经济遭受通货膨胀的后果。

"乐队" 继续演奏

2008—2021年初,由公众所持通货及银行的存款准备金所组成的美国基础货币,总量已由8 300亿美元激增至超过6万亿美元。[62]美联储凭空创造了超5万亿美元。其中大部分是与银行新规有关的意外之财,还有一些是由于经济增长的自然需求,包括美国海外美元需求的激增等因素。尽管如此,到2021年年中,银行拥有的现金还是超过了新规的要求。

但美联储和其他中央银行仍然没有表现出太多放缓货币增发的意愿,它们担心利率的大幅提高会导致经济再次下滑。经济衰退虽然可能已经结束,但支出并没有结束。不仅是美国,其他国家也仍背负着巨额赤字。

这一历史性的货币扩张在短短十多年的时间里造成了美元的大幅贬值。2008—2020年，随着黄金价格从每盎司900美元左右飙升到每盎司1 800美元左右，美元的价值下跌了一半，但中央银行仍然公开担心通货膨胀还不够。[63]

通过"逆回购"来"冲销"货币创造。 在2021年，美联储每月仍在购买1 200亿美元的美国国债和抵押支持证券。[64] 但有趣的是，这并没有进一步推高金价和削弱美元。中央银行是如何做到的？答案是通过所谓的"逆回购协议"，或称"逆回购"。[65] 在这一鲜为人知的操作中，美联储购买美国国债和抵押支持证券，将资金注入银行。然后，它转过身来用美国国债作为抵押物，再借回这笔资金，最终将资金从银行系统中移除。但请大家记住，银行依法将这笔钱借给美联储。在很短的时间内，通常是一夜之间，美联储就会连本带利偿还这些贷款。

资金通过这种方式流动起来。这使美联储能够在不增加货币供给的情况下购买数十亿美元的债券。逆回购就相当于把一桶水倒进池子的一端，然后把水从另一端舀出来。其最终效果是抵消美联储购买债券的影响，以避免货币供给增加造成的美元贬值。

2021年2月，美联储的资产负债表上几乎没有逆回购。[66]到了12月，这一数字已经膨胀到1.7万亿美元以上。[67]但到目前为止，逆回购还几乎没有得到关注。它们使美联储能够通过购买政府债券来继续扩大其资产负债表，这一举措压低了利率，并推动了政府不计后果的借贷。如果突发军事危机，"山姆大叔"无法履行其义务怎么办？你会看到一场更大的金融危机，以至于2008年的危机看起来更像是一个小插曲。

为什么不能印更多的钞票呢

如果美国可以在不造成通货膨胀的情况下扩大货币供给，为什么不能印更多的钞票，为表面上帮助穷人和拯救地球的政府项目提供资金呢？这个问题是现代货币理论的核心，该理论目前在国会女议员亚历山德里亚·奥卡西奥－科尔特斯、参议员伯尼·桑德斯以及拜登政府内部包括总统本人在内的许多社会进步人士中非常流行。当拜登坚称美国可以通过增加政府支出来防止通胀时，他是在鹦鹉学舌地重复这个误入歧途的想法。

现代货币理论已经存在一段时间了，但由于其高调的支持者和纽约州立大学石溪分校经济学家斯蒂芬妮·凯尔顿出版的《赤字神话：现代货币理论与人民经济的诞生》一书，它再次引起了人们的关注。[68]

凯尔顿相信政府可以很容易地负担起一个"人民经济"体系，一个有大量的免费公共产品和绿色新政等项目的福利国家。"山姆大叔"可以继续花钱，因为在她看来，钱不会被花光。她坚持认为，美联储购买债券和超发货币几乎可以无限期地进行下去，这不正是美国已经在做的吗？

凯尔顿举了日本的例子，在利率接近于零的情况下，其中央银行持有该国 50% 的政府债券，这是美联储所持美国联邦债券比重的两倍，日本央行还将利率压低到接近于零。[69] 她表示日本的表现与美国一样好。但如何处理日本的巨额债务呢？她认为并不困难，日本银行要做的就是创造银行准备金来购买日本所有的债券，从而取消政府的债务。她写道："只要挥一下魔杖，或者敲一下键盘。噗，债务就还清了！"

凯尔顿并不否认通货膨胀是一个问题。但她坚持认为可以通过创造"一个生产力足以满足我们商品和综合服务所需的经济体"来控制通货膨胀。她打算怎么做呢？依靠更多的政府计划和税收。

新瓶装旧酒。我们对此作何评价？现代货币理论一点也不"现代"。它听起来更像今天的委内瑞拉或18世纪的法国所发生的那样。如果美联储不间断地印制钞票，为凯尔顿的福利国家蓝图提供资金，投资者和其他任何持有美元的人都会逃之夭夭，美元会像20世纪90年代的俄罗斯卢布或古巴比索那样贬值。

什么时候更高的税收和更大的政府机构可以产生健康的经济和低通胀呢？凯尔顿本质上是在描述委内瑞拉、阿根廷或古巴这样的国家发生的事情。这些国家臃肿的政府经常通过印钞来融资。从原则上讲，一旦你摆脱了对开支的任何限制，并开始辩解说你可以享受花钱带来的所有好处，并且不用担心税收和借贷，那这种开销就没有尽头了。凯尔顿关于"人民经济"的愿景依赖货币的魔力来提供资金，这必然会导致恶性通货膨胀。

第三章

为什么通货膨胀是不好的

第三章　为什么通货膨胀是不好的

为什么我们说通货膨胀是不好的？经济体系中的许多人其实并不同意这种看法。他们坚持认为，低水平的通货膨胀实际上是好事。

2020年夏天，由于与新冠肺炎疫情流行相关的停工，数百万人失业。美联储主席杰罗姆·鲍威尔宣布，美联储将允许物价上涨超过2%的正常水平。美联储认为这构成了"稳定"。[1]鲍威尔承认"许多人在直觉上不认同美联储想要推高通胀率的做法"。鲍威尔接着解释说，"低而稳定的通胀对于运转良好的经济至关重要"。他还补充道："我们当然也注意到，食品、汽油和住房等必需品的价格上涨增加了许多家庭的负担，特别是那些因失去工作和收入而苦苦挣扎的家庭。但持续过低的通货膨胀可能会带来重大风险。"

鲍威尔违背直觉的信念在整个经济体制中得到了回应，

一位接受 Marketplace.org 网站采访的经济学教授断言,"缺乏通货膨胀会给消费者带来麻烦。因为当物价下跌时,工资可能也会因为公司销售收入减少而下降"。[2] 但新冠肺炎疫情暴发前的情况显然不是这样,当时通胀率不到 2%,但人们收入飙升。2019 年美国的家庭收入中位数增长了 6.8%,这是有记录以来的最大增幅。[3]

但经济学家和许多媒体人士一直在吹捧通胀的所谓好处。在几年前的大衰退期间,《纽约时报》对凯恩斯主义的回归大加赞赏。[4] 他们讲故事宣称:"美联储内外的许多人现在都认为通货膨胀起到了帮助作用。"

阿拉斯加州安克雷奇的学校董事会就指望通货膨胀来限制教师的工资。包括好市多和沃尔玛在内的零售商希望通过提高通胀率来增加利润。联邦政府希望通货膨胀能减轻其债务负担。

该报援引哈佛大学经济学家肯·罗格夫的观点称,"持续的温和通货膨胀并不值得担心。"他补充说,"事实上它应该被接受。"

真的是这样吗?我们不知道是否有人愿意问问理查

德·迪克森对这一传统观点的看法。⁵ 迪克森和他的妻子住在密苏里州堪萨斯城。这对夫妇照顾着四个年幼的孙子，他们眼睁睁地看着每个月的尿布账单飙升至 300 美元。物价高企已经成为一种负担，这对中年夫妇不得不削减在必需品上的开销。或者以梅丽莎·罗伯茨为例。她是一位年轻的母亲，要抚育四个孩子，在芝加哥郊区艰难度日。⁶ 她的伴侣在疫情中失去了家具销售员的工作。飙升的食品价格导致这个家庭因高昂的食品杂货账单而争吵。这家人也被迫选择更便宜但不健康的饮食方式：尽量少吃肉、新鲜水果和蔬菜。

柬埔寨这类国家的穷人又该如何？那里螺旋式上升的食品价格导致了广泛的饥饿问题，加剧了新冠肺炎疫情的破坏性。⁷ 毋庸置疑，这些受害者从通货膨胀中看不到任何好处。用杰罗姆·鲍威尔的话说，美联储抬高物价的政策是"违反直觉的"，因为这与常识背道而驰。无论 2% 还是 5%，任何通胀率的增长都不是好事。

美联储的落后思维

为什么美联储官员热衷于鼓吹"轻微的通货膨胀会让人们更富有"的想法？极具影响力和说服力的英国经济学

家凯恩斯首先提出了操纵货币将带来充分就业的观点,而这种观点正好赶上了大萧条。[8]尽管这种想法是误导人的,但还是符合当时的国家渴望摆脱失业困境的时代精神,也更贴合中央银行行长们对经济施加更大影响的雄心。对我们来说,遗憾的是,这种想法从那时起就停滞不前了。

在菲利普斯曲线之后。凯恩斯关于通胀和就业的观点从20世纪50年代开始受到真正的重视。新西兰经济学家威廉·菲利普斯公布了一幅后来被称为菲利普斯曲线的图表,显示高通胀和低失业率之间存在明显的相关性。他由此得出通货膨胀等于创造就业机会的结论。

菲利普斯曲线的问题,在于其并没有注意曲线之后的长期变化。七位诺贝尔经济学奖获得者反驳了这个理论。[9]经济历史学家布赖恩·多米特罗维奇在福布斯网站上指出,这些数字表明通货膨胀并没有创造就业机会,反而与失业率上升有关。

多米特罗维奇还指出,在20世纪80年代初的通货膨胀期间,失业率达到了比2008年金融危机期间更高的水平。[10]在货币贬值之后,可能会出现最初的经济热潮和一些就业机会,但这种情况很快就会消退。与凯恩斯主义的观点相反，低失业率时期恰好与货币稳定和通胀最低的阶段相吻合。在20世纪20年代和60年代的金本位制时期，[11]美国经历了被称为充分就业（失业率低于5%）的时期。[12]

20世纪80年代，在罗纳德·里根通过稳定美元和减税来结束通胀之后，就业的机会与经济一起蓬勃发展。另一个例子是瑞士。在过去100年里，瑞士的货币在保值方面一直表现出色。没有证据支持菲利普斯曲线的存在。该国的失业率始终在3%左右徘徊。[13]

拜运输机教思维。的确，经济增长意味着某些产品的价格会更高，但推高生活成本将带来繁荣的观念是一种混淆了相关性和因果关系的拜运输机教思维。同样荒谬的是，虽然低通胀会在某种程度上危及经济，但会有人抱怨笔记本电脑或平板电视越来越便宜吗？

没有通货膨胀的"黄金"时代。如果没有通货膨胀是不利的，那又如何解释在19世纪古典金本位时代的经济繁荣爆发，我们历史上的这一时期在今天已经被基本遗忘了？除了美国在南北战争期间暂停金本位制等个别例外，美元在19世纪后期经历了实际价格下跌的时期，但这个国家依然享受了 100 年的经济繁荣。[14]

亚历山大·汉密尔顿建立的与黄金挂钩的稳定美元体系意味着投资者可以指望获得没有贬值的货币作为回报。这鼓励了借贷和投资,美国也成为吸引外国资本的磁石。美元流入新兴、充满活力的企业,推动了创新和生产率的提高,从而导致产品价格下降。1870—1890 年,钢铁的生产成本下降到原来的六分之一,世界范围内的钢铁产量也飙升了 20 倍。廉价钢铁大量涌入新兴城市的新铁路及摩天大楼的建设中。[15] 19 世纪 80 年代,美国每年新增 7 000 多英里的铁路,交通运输成本直线下降。[16]

新型汽车的制造也吸收了更多的钢铁,以 1908 年推出的福特 T 型汽车为例,售价仅为 850 美元。亨利·福特 1925 年完善了他的新装配线技术,汽车的价格更降到了 260 美元。19 世纪 50 年代,鲸油(通常用于照明)的价格约为每加仑①1.75 美元,[17] 煤油在 1870 年以每加仑 0.26 美元的价格取代鲸油。[18] 到了 1911 年,一加仑煤油的价格仅为 9.2 美分。这种通货紧缩使美国在 1913 年成为世界上最富有的国家。欧洲大部分国家以及日本最终都效仿美国和

---

① 一种容积单位,1 加仑(美)≈3.785412 升。——译者注

英国的做法，将本国货币与黄金挂钩，它们19世纪创造的财富比之前所有世纪的总和还要多。

为什么不能以贬值的方式走向经济繁荣？凯恩斯认为，通货膨胀会通过降低工资的实际价值，从而降低雇用工人的成本，以此来增加就业。但这只会出现在通货膨胀的最初阶段。尽管货币贬值似乎"提高"了工资，但也推高了生活支出，工人负担得起的东西更少，最终经济会受到影响。

用约翰·霍普金斯大学货币专家史蒂夫·汉克的话来说，"如果货币贬值能带来如此大的增长，你就会认为非洲蓬勃发展，而南美将引领世界"。[19] 国会前议员罗恩·保罗曾这样说："如果政府或中央银行真的可以通过创造货币来创造财富，那么为什么世界上还会存在贫困？"[20]

通货膨胀的巨大不公平

凯恩斯主义关于低通胀必要性的想法让一切都倒退了。降低口袋里美元的价值是如何让你或其他人变得更富有的？

一种"隐形税"。当然，通货膨胀并不是真正的税收。

这就是为什么许多经济学家将通货膨胀称为"隐形税"。凯恩斯本人也曾公开承认，货币贬值使政府能够"秘密地没收公民财富中的重要部分"。[21]

假设一名护士的收入是 5 万美元，设定年通胀率为 2%——美联储定义为稳定的水平，这意味着生活成本的上升，实际上将导致这名护士的年薪损失 1 000 美元。我们可以把这看作一种新的税收扣缴形式。

通胀不平等。通货膨胀的隐形税收打击了那些遵守规则的人，即拿死工资的雇员、储蓄者、领取养老金的退休者。通货膨胀不仅减少了他们的收入，也抬高了他们特别依赖的商品和服务的价格。纽约州立大学石溪分校教授、社会学家托德·皮廷斯基指出，生活必需品的价格涨幅往往高于奢侈品，这种现象被经济学家称为通胀不平等。[22]他的观察结果得到了一些研究的证实。这些研究结果表明，通货膨胀会加剧基尼系数等指标所衡量的收入不平等。

通货膨胀在伤害低收入人群的同时，也给以金融公司为代表的具有优势地位的个人和公司带来了意外之财，他们能够在货币价值变动的环境中游刃有余。当穷人变得更穷时，富人会变得更富。著名经济学家兼作家马克·斯科森借用路德维希·冯·米塞斯的话指出,那些受益最大的人通常是美联储创造出的货币的首批接受者。[23] 谁属于这一类呢?斯科森回答说,受益者包括大银行、商业利益集团、股市投资者和华尔街。

通货膨胀也为政府创造了大量的收入。随着工资上涨将人们推入更高的税级,"山姆大叔"将会收到更多的税。2021年是自20世纪70年代末以来联邦税收收入涨幅最大的一年。[24] 普通民众可能仍在努力适应更高的物价,但政府官员却已从通货膨胀所带来的大量资金中尝到甜头。

关于那些"更高工资"的另一点启示。新冠肺炎疫情危机有力地说明了通货膨胀的根本不公平性。《华尔街日报》在2021年10月报道称,房地产等行业似乎正在蓬勃发展。[25] 与此同时,"工人正在付出代价",虽然他们的薪水似乎在增加,但"实际时薪"——他们工资的购买力——却在一年内下降了近2%。宾夕法尼亚大学进行的一项令人瞠目结舌的计算显示,通货膨胀将美国家庭的平均支出提高了3 500美元。[26] 难怪哲学家洛克将货币贬值称为"公众正义的失败",因为它"把一个人的权利和财产让渡给了另一个人"。[27]

债务推动者

通货膨胀使天平向有利于债务人的贷方不公平地倾斜,有租金或抵押贷款等固定债务的人可以用更少的钱来偿还贷款。与经济中其他部分通货膨胀的价值相比,你的债务突然显得还算公道。因此,通货膨胀经常被称为"债务推动者"。

这就是为什么在通货膨胀严重的国家,你通常会看到天文数字的利率。当你将以较低价值的货币偿还债务时,没有人愿意借钱。阿根廷2021年的年通胀率超过51%,其利率为38%。[28] 土耳其的通胀率相对而言较温和,但也超过了20%,其利率为15%。[29] 在20世纪70年代美国"大通胀"时期,贬值的美元导致利率达到了近22%。[30]

金融被毁灭了。在委内瑞拉和阿根廷这样有过货币贬值和恶性通货膨胀历史的国家,融资几乎不存在,除非公司足够大,可以吸引外国资本,或者有政治关系可以获得政府补贴或贷款。信用卡、消费借贷、住房抵押贷款和小企业贷款都无法获得,只能选择高利贷贷款。贷款人和借款人之间的合作变得几乎不可能,即使是政府也不能借款,除非利率高得令人垂涎,而且期限不到一年。

"零利率"的进一步扭曲。21世纪,中央银行的首次人为压低利率不仅令人担忧,还切实地加剧了通货膨胀所造成的经济扭曲。我们不是说通货膨胀传统上伴随着更高的利率吗?没错,原本是这样的,而且在通货膨胀最糟糕的国家仍然如此。但自2008年以来,美联储和其他中央银行一直在挑战这一规范。它们无视通货膨胀,将利率推低至有记录以来的最低水平。[31]

该策略旨在通过鼓励以极低的基准利率发放贷款来刺激经济,本质上是服用类固醇式的凯恩斯主义药方,其结果是资本市场的扭曲,小额借款人被置于不利地位。那些无法从零利率贷款中获得回报的银行为什么要冒险向高风险的新来者贷款呢?他们会青睐信用可靠的富裕个人或大公司,包括那些并不真正需要借款的人。大客户最终得到的贷款基本上是免费的。

电脑巨头苹果公司背负了数百亿美元的债务,尽管它拥有约800亿美元的净现金。[32]在8年的时间里,该公司几乎用免费的钱回购了约4 440亿美元的股票,使发行股票数量减少了35%,这有助于提高股价和股息。

当然最大的债务人是美国政府。2021年初,美国政府的联邦债务总额约为29万亿美元。[33] 通货膨胀再加上零利率的免费货币,意味着"山姆大叔"在偿债方面节省了数十亿美元。这些节省的资金使政府能够向本已臃肿的官僚机构和失控的福利计划投入更多的资金。

更多的项目意味着更多的支出,最终意味着借更多的钱,从而创造出更多的货币,这是一个恶性的通胀循环。正如约翰·霍普金斯大学的政治学家约瑟夫·约菲所说,"通货膨胀是消融公共债务并保持公共开支的最好方式。那不利的一面是什么呢?美元的贬值让民众变得更穷,对政府的依赖程度也会更高"。[34]

被货币幻觉误导的市场

前面我们解释了通货膨胀是如何破坏对市场供求感知至关重要的价格信号的,被通货膨胀的货币幻觉误导的人们往往会将通货膨胀下的价格误解为真实世界的价值。他们基于本质上是错误的信息而决定购买或投资。通货膨胀对货币的扭曲最终扭曲了市场行为。

那并不是"能源短缺"。20世纪70年代的能源危机就是货币幻觉破坏性影响的典型例子。"尼克松冲击"之后，美元贬值迅速推高了大宗商品市场的价格，这也是传统上最先受到货币贬值影响的部分。

1973—1975 年，油价从每桶 3 美元左右的长期水平上升到每桶 12 美元以上，这引发了人们对世界能源即将耗尽的担忧，恐惧几近极致。[35]《新闻周刊》在一篇封面文章中宣称美国正在"耗尽一切"。[36] "能源危机"和加油站看不到尽头的长队被广泛归咎于阿拉伯国家的石油禁运。这就是"货币幻觉"。经济学家布莱恩·多米特罗维奇解释说："所谓的稀缺是一场货币危机，而不是石油危机。"[37] 换句话说，这是美元贬值的直接结果。

他指出在美国放弃金本位制几天后，OPEC（石油输出国组织，简称"欧佩克"）秘书长致信警告称，"如果浮动美元在外汇市场上贬值，欧佩克成员国将采取必要措施，相应地调整原油价格。"[38] 多米特罗维奇表示，如果美国在"尼克松冲击"之后恢复了稳健的美元，美国就不会出现石油危机，一加仑汽油的价格就"不会超过 50 美分"。[39]

通货膨胀的 "游乐场哈哈镜"

次贷市场崩溃和 2008 年金融危机中的房地产泡沫破裂

是通货膨胀所造成的货币幻觉的另一个结果。这个故事始于 21 世纪初。科技股崩盘后的经济衰退被称为"互联网泡沫"。为了刺激经济,美联储采取了一系列措施,将联邦基金利率降低到 1%。[40] 2000—2003 年间,基础货币增长的水平与 20 世纪 70 年代的通货膨胀水平相当。[41] 美元贬值造成黄金价格急剧上涨。[42]

请大家记住,货币贬值最先会抬高住房等硬资产的价格。房主在 20 世纪 70 年代的"大通胀"中是大赢家。通货膨胀推高了房价,同时抵押贷款的还款也被通货膨胀对冲了。21 世纪初,住房作为投资的吸引力可能更大,当时美联储的廉价资金相当于鼓励银行赠送抵押贷款,它们放松了贷款标准,向风险较高的次级借款人发放了更多贷款,次级抵押贷款市场增长了 200%。[43]

通货膨胀的羊群效应在买家和卖家之间生根发芽。购房者在买房前不再需要支付传统的 20% 的首付。"申报收入贷款"变得非常普遍。[44] 这些贷款也被称为"无证贷款"或"骗子贷款",因为借款人可以随意提供收入数据,而且很少被核实。这也难怪几乎每个人都想参与进来。佛罗里达州圣彼得堡的一个流浪汉设法买了五套房子。投机者们纷纷涌入市场。[45] 疲软的美元破坏了价格信息,导致人们相信房价和需求只会上升。随着价格的上涨，违约的风险似乎很小。即使房主拖欠了他们的抵押贷款，他们也可以以比购买时更高的价格出售他们的房子，以此偿还贷款。如果一个无家可归的投资者违约了呢？这所房子的价值将超过他的抵押贷款。

但随着美联储在 2005 年开始加息，市场崩溃了。[46] 取消抵押品赎回权的做法席卷了美国的每一个州，据说有多达 1 000 万人失去了家园。[47] 这场灾难震动了主要的金融机构。投资公司雷曼兄弟和贝尔斯登倒闭。[48] 紧随其后的是被迫出售的美林公司。美国最大的商业保险公司美国国际集团和花旗银行也被美国政府接管。标准普尔 500 指数下跌了 58%。[49] 2008 年金融危机之后是"大衰退"。这是自大萧条以来最大的经济衰退。

好泡沫和坏泡沫

无论出于何种原因，当太多参与者进入一个市场后，每个行业都会经历重新洗牌的剧变。当出现一种有前途的新技术时，这种情况就会发生，比如 20 世纪 80 年代初的个人电脑热潮、20 世纪初的汽车制造业；或者对那些还记得 20 世纪 50 年代的人来说，那一阵掀起的呼啦圈热潮。

在正常的经济体中企业会倒闭，但人们会从这样的挫折中吸取教训，幸存下来的企业效率更高，通常做得更好。知识就是这样获得的，行业和社会也是这样进步的。

但通胀泡沫是另外一回事。由于资本误导引起的虚假热潮，个人和企业会根据扭曲的价格信号做出决策。就像 21 世纪初的那些购房者一样，他们坚信房价只会上涨。通货膨胀的价格信号也可能导致人们匆忙进入非生产性领域以财富保值为主要目的的投资。资金往往会流向金条等硬资产。急于保住迅速缩水的财富的公民会将其投入手头的任何商品或其他有形资产中。

一个经典的例子是：在魏玛共和国通货膨胀期间购买钢琴的德国人，以及苏联和东欧囤积砖块的贫困公民。这些东西不容易腐烂，可以在未来的某个时候使用。随着货币被通货膨胀带走，储蓄货币是站不住脚的。约翰·霍普金斯大学的经济学家史蒂夫·汉克解释说："你没有在银行存钱，而是只有一个砖头账户。"[50]

税收也被膨胀了

货币幻觉同样也导致税收腐败。20 世纪 70 年代，中等收入人群突然发现自己被推到了更高的税级。税收制度本是为稳定的货币而设计的。20 世纪 80 年代引入的"通胀自动调整"也并未生效。[51] 人们实际上并未得到加薪，他们"更高"的工资是以虚高的美元来计算的。

"山姆大叔"并不在乎这些。普通公民被富人应受的税率搞得喘不过气来。一个总收入是社会收入中位数两倍的四口之家[52]在 1965 年的边际税率为 25%。[53] 这一税率在 1980 年居然上升到了 43%。[54] 这种现象被称为"税级攀升"。

企业和投资者也同样被征收资本利得税，这些根本不是收益，而是通货膨胀带来的假象。20 世纪 70 年代，如果将通货膨胀计算在内的话，资本利得税的实际税率可能会超过 100%。[55] 当个人和公司的资产实际价值下降时，他们仍会受到资本利得税的打击。

根据一项估计，如果你在 1970 年购买了一只标准普尔 500 指数基金，并在 1988 年出售了它，那么由于那段时间的通货膨胀，你投资的实际资本利得税税率将是 338%。[56] 20 世纪 70 年代，通货膨胀还侵蚀了工厂设备等资产折旧带来的税收优惠，从而损害了现有的企业。根据通胀前较低的购买价格进行扣除，实际上增加了税收负担。

难怪在那段时期，几乎所有类型的避税手段都在美国层出不穷。[57] 为了避免增加税收以及保护资产免受通货膨胀的影响，纳税人投资的对象包含从杜鹃花、杏仁到水貂和鳟鱼养殖场等的各种领域。制作影片的数量和空置的办公空间的数量也都在猛增。所有这些活动都不是为了应对真正的商业机会，而是为了避税。有没有想过为什么20世纪70年代的那些低成本电影会被拍出来？所有这些投资都被浪费在可疑的避税天堂，难怪经济会停滞不前。

这会导致什么：滞胀

通过支持"市场现有企业"而不是新企业，将资本引向非生产性或保护性投资，而不是促进增长的创新领域——更不用说助长政府膨胀了——通货膨胀慢慢地扼杀了经济。

创业公司的减少，废弃的房子。20世纪70年代，对新企业的投资被凶残的资本利得税和其他暴涨的税收所摧毁。IPO（首次公开募股）规模从1969—1972年间的每年近20亿美元，降至1975—1978年间的区区2.25亿美元。IPO企业数量从1969年的1 026家暴跌至1975年的15家。[58]

在通胀水平最高的国家，这种情况会变得更糟糕，为数不多的创业企业往往会被放弃。这就是为什么在委内瑞拉和秘鲁等长期通货膨胀的国家，会看到如此多烂尾的房屋和写字楼。

由于高通货膨胀率，建造新房的秘鲁人耗尽了资金，不得不停止建设。[59] 20世纪90年代，秘鲁政府试图通过允许人们不再缴纳房产税来帮助他们完成房屋建设。接下来发生了什么呢？相当多的秘鲁人选择住在仅部分建成的房子里，这样他们就可以免税。

委内瑞拉的情况也类似，该国最重要的通货膨胀标志是45层的大卫塔。这座包括直升机场在内的巨型办公楼原本是加拉加斯的骄傲，但在1994年停工。这栋大楼被大约1 000户贫困家庭占据，他们在没有电梯的情况下宿营多年。大卫塔贫民窟作为世界上最高的贫民窟而在国际范围内被熟知，也一直是电视节目和纪录片的拍摄对象。[60] 最终这些不速之客被赶走了，留下这座如今空无一人的建筑。

"低水平通胀"下的缓慢滞胀

美国在过去几十年经历的较低通货膨胀水平并未导致这种崩溃，但它们对经济增长还是造成了缓慢的侵蚀，这可能是许多人抱怨"他们无法取得成功"的原因。在1950—1970年的金本位制时期，美国实际人均国内生产总值以

2.77% 的年增长率增长。但在过去的 50 年里，随着法定美元的缓慢贬值，这一增速已大幅回落至 1.71%。[61]

如果我们没有通货膨胀呢？答案是我们会变得更加富有。如果美国今天的经济增长率与其在 20 世纪五六十年代的增长率相同，人均收入将高出 72%。薪酬所获美元的购买力将更强，经济规模至少会扩大 50%。投资将被导向更高价值的机会，不会被混乱的、税收扭曲的资本市场误导，美国所能生产的产品和提供的服务的总额将比如今多出 10 万亿美元。

没有通货膨胀的美元意味着更大的税基，这能为政府创造出更多的资金，也减少增税的需求。国会甚至可能实现平衡预算，而这只在 20 世纪五六十年代货币稳定时期做到过几次，20 世纪 90 年代末也曾实现过短暂平衡。

根据政府的统计数据，美国人的平均财富是 1970 年的两倍多。[62]但财富的增加在一定程度上是由于更好的汽车和智能手机所代表的科技进步，以及双职工家庭的普及。如果美国经济的增长率与 20 世纪五六十年代持平，普通美国人还会抱怨取得成功或依靠单一收入生活是多么困难吗？

更大的政府 = 更少的自由

通货膨胀迟早会导致更多的政府管控。中央银行让货币贬值,价格就会出现暴涨,这种情况相当常见。政府试图通过抑制人们消费来抑制通货膨胀。他们还采取了价格控制、资本控制和增税等措施。政府规模越来越大,经常会施加更多限制。人们失去了自由,处境持续恶化。

在古罗马,戴克里先皇帝试图通过对 900 种商品、130 种不同等级的劳动力和一些运费(换句话说,几乎是所有商品)实施价格控制,以遏制帝国猖獗的通货膨胀。违反法令的人将会被判处死刑。[63]

20 世纪 70 年代,理查德·尼克松通过控制工资和价格来应对"大通胀"。如今的美国还没有因通货膨胀卷土重来而重新采用类似的手段。但美联储对货币供给量的通胀性扩张,使得政府机构越来越庞大、越来越臃肿。政府对私营企业和人民生活的控制也越来越严格。

监管型国家的兴起。曼哈顿研究所的詹姆斯·科普兰指出,自 20 世纪 70 年代后期以来,联邦公报中增加了超过 200 000 条新规则。[64] 他还指出,"有超过 300 000 项联邦犯罪记录在案，但其中的98%从未由国会投票表决。"[65]而这还只是没将州政府计算在内的联邦政府层面。

在新冠肺炎疫情流行期间，美国疾病控制与预防中心发布命令，禁止房东驱逐停止支付租金的租户。这证明了这种庞大的官僚机构具有侵犯公民基本权利的潜力。[66]疾控中心的"暂缓驱逐令"与疾病或公共健康几乎没有任何关系，它的越权行为随后被最高法院推翻。许多人质疑一个未经选举产生的卫生官僚机构到底在做什么，居然发布通常由国会制定的"法律"。

这种对政府扩张的推动导致了2021年国税局权力的大幅扩大，其中包括监控个人银行账户的权力，这是对隐私和宪法权利的侵犯。

著名的技术专家和作家乔治·吉尔德警告说，美联储通过零利率借款创造货币，将资金从推动增长的企业转移到社会福利官僚机构中了，这种"货币丑行"最终将威胁资本主义体系。吉尔德说，数百万美国人的储蓄和退休账户因通货膨胀而受到侵蚀，他们被迫"严重依赖政府项目，如社会保障、残疾福利、医疗补助和医疗保险"。[67]吉尔德继续说，"美联储的'货币丑闻'正在造成国民对政府的依赖，并未建立一个以企业和向上流动为基础的社会，从而否定了美国梦"。

信任瓦解

但通货膨胀最具破坏性的影响也许在于它贬低了社会行为。货币毕竟不只是一种衡量工具。通过提供一种双方认可的、稳定的价值单位，货币促进了买卖双方以及贷款人与借款人之间的信任。它让人们相信承诺会被兑现，以此推动人们在市场中的合作。我从你那里借的钱和我10年后还你的钱的价值是一样的，只有稳定的货币能让市场遵从"己所不欲，勿施于人"的黄金法则。

当货币不再是值得信赖的价值衡量标准时，这些承诺就得不到兑现。市场行为和人与人之间的关系变得扭曲，协议也失去效力。债权人输得精光，债务人却大发横财。实际工资下降，退休职工也发现他们每月的养老金不够用。人们被不公平地征税。

最糟糕的是，没有人知道为什么会发生这一切。你不确定为什么价格在上涨，也不确定为什么你的钱不像以前那样值钱了。与此同时，你会看到某些人获得了不义之财。他们致富不是靠诚实的工作，而是靠扭曲的资本市场和任人唯亲的政府。因此，通货膨胀会激起一种不公平和委屈的感觉。正如凯恩斯本人所承认的那样："要颠覆现有的社会基础,没有比让货币贬值更隐蔽、更可靠的方法了。"[68]

在各种程度的通货膨胀中,社会信任都受到了破坏,政治分歧也因此激化。大家被所见的不公平和不平等激怒,想要找到一只替罪羊。公元3世纪的罗马人把自己贬值银币所酿成的通货膨胀归咎于基督徒。[69] 16—17世纪英国对女巫的审判,以及法国大革命时期屠杀17 000人的恐怖统治,都恰好发生在货币混乱的时期。

金融以及与之相关的人经常被妖魔化。在魏玛共和国恶性通货膨胀期间,德国人把矛头指向犹太银行家。尼克松则将美元暴跌归咎于"投机者",几年后又指责阿拉伯人和"增长的极限"。

金融危机后,美联储的大规模货币"刺激"(通过量化宽松扩大货币供给)引发了反对"富人"和"1%的人"的"占领华尔街"示威活动。类似形式的各种骚乱至今仍在继续。

已故的诺贝尔奖获得者、保加利亚作家埃利亚斯·卡内蒂写了一篇关于德国货币崩溃后的社会弊病的文章。他为这种对通胀的典型反应提供了一个有趣的解释,人们因财富贬值而蒙羞,于是通过贬低他人来报复。用他的话来说,"必须像对待通货膨胀中的货币那样,以一种越来越不值钱的方式对待某种东西"。[70]

社会堕落

通货膨胀如果长期深度恶化,就会变成真正的恶性循环。经济恶化,税收的实际收入下降,因通胀而变得更穷的人被削弱了实际购买力,政府的合法性也在恶性通货膨胀中崩溃了。对增税感到不满的公民认为,他们并没有道德义务缴纳这些税,逃税行为因此激增。所有这一切只会增加政府财政的压力,导致政府印更多的钱。

道德的瓦解带来了无尽的腐败。在阿根廷,日常生活充斥着持续的混乱和动荡。一位当地居民写到,合同里可能规定每年都要提高几次薪酬,但罢工还是持续发生。

获得出人头地的地位似乎是不可能的。[71] 在阿根廷每天都有一场战斗,从在商店之间比价到节省比索,再到去银行排队支付账单或领取补贴。因此,人们蛰伏下来,试图生存下去,并听天由命地接受了没有"阿根廷梦"这样一个事实。

他认为，这个国家的人均心理学家数量最多并非偶然。由于大部分权力集中在寡头和官僚手中，腐败十分猖獗，贿赂和回扣成为做生意的一个必要部分。

道德败坏。通货膨胀切断了努力和回报之间的联系。亚当·弗格森写道："在魏玛共和国时期，由于节俭、诚实和努力工作的传统美德失去了吸引力，每个人都想迅速致富，尤其是炒货币或炒股明显可以比踏实劳动获得更大的回报时。"[72] 在第一次世界大战之前，贿赂几乎闻所未闻。但到了1924年：

> 由于资本或收入的不断溃缩以及未来的不确定，社会上几乎没有人可以幸免于这种无处不在的、毁灭灵魂的影响与折磨。[73] 偷税漏税、囤积粮食、外汇投机或非法外汇交易——所有这些危害国家的罪行，每一项都或多或少地成为个人生存的问题，离违反"十诫"中的戒条只有一步之遥。

在通货膨胀失控的国家，犯罪率也在飙升。通胀持续恶化的巴西长期以来一直受到猖獗的犯罪和警察无法无天行为的困扰。委内瑞拉年通胀率高达60 000%，[74] 它同时也是南美洲犯罪率最高的国家。[75]

有研究表明，与失业相比，通货膨胀与犯罪的相关度更大。[76]密苏里大学圣路易斯分校的犯罪学和刑事司法教授理查德·罗森菲尔德指出，"将通货膨胀与犯罪联系起来的一个关键机制是赃物的价格"。他解释说："价格上涨使廉价的赃物更具吸引力，从而激励那些向黑市供应赃物的人。当通货膨胀处于低位时，情况就会相反。"

我们是罗马帝国吗

提到极端通胀的最坏情况，我们通常会想到罗马的覆灭和一战后魏玛共和国的大混乱。在几乎每一次重大社会动荡中，货币贬值所扮演的角色都在很大程度上被忽视了。

急剧的通货膨胀不仅加剧了委内瑞拉和阿根廷的紧张局势，还波及整个中东地区。2010年，引发"阿拉伯之春"抗议的突尼斯街头示威，主要是因为食品价格。[77]动乱随后蔓延到了埃及，那里的消费者价格指数早在2008年就已飙升到18%，这导致了穆巴拉克政府以及其继任者穆尔西总统的政府被推翻。[78]伊朗的动乱也在加剧，其2008年官方公布的通胀率就已达到25%，并在之后居高不下。[79]

1989年，苏联爆发恶性通货膨胀，黑市上美元兑换卢布的汇率由 1:4 升为 1:5 000。[80] 1991 年，苏联解体，车臣也爆发内战。印度尼西亚在遭受 1997 年货币灾难后，物价每年上涨 40%，东帝汶遂决定脱离印度尼西亚。[81] 20 世纪 80 年代，南斯拉夫遭受了恶性通货膨胀，最终分裂为六个国家：塞尔维亚、克罗地亚、斯洛文尼亚、黑山、波斯尼亚和北马其顿。[82]

独裁者的崛起。这种动乱会催生什么呢？人们经常求助于铁腕人物和独裁者。18 世纪 90 年代，法国大革命期间的恶性通货膨胀[83]导致拿破仑最终崛起，他通过与黄金挂钩的方法来稳定货币。[84] 20 世纪早期，一战后席卷许多欧洲国家的通货膨胀不仅为阿道夫·希特勒的崛起奠定了基础，还为两次世界大战之间的其他独裁者奠定了基础，包括意大利的贝尼托·墨索里尼、西班牙的弗朗西斯科·佛朗哥、匈牙利的米克洛斯·霍尔蒂。

目前还没有人担心的危险

在新冠肺炎疫情尚未开始之时，美联储前主席保罗·沃尔克在其去世之前的一次坦率的采访中警告了旨在创造 2% 通胀的货币政策所蕴含的风险。[85] "一旦你开始把目标定在

2%，就会听到人们说，'也许我们可以通过将通胀率提高到 3% 来给经济注入更多的动力，'好吧，如果这不起作用，我们就会调整到 4%。"在他看来，这也就是为什么"一旦选择开始通货膨胀，最终就会自食其果。"

到了 2021 年底，沃尔克的预言变成了现实，美国通胀率超过了 6%。[86] 美国不是魏玛共和国，也不是阿根廷或委内瑞拉，但过去 20 年的低水平通货膨胀一直是具有破坏性的。它导致美元的购买力下降了 38%。通货膨胀导致的房地产泡沫演变成全球金融危机，引发了大萧条以来最严重的经济衰退，以及几十年来从未出现过的暴力骚乱。

研究表明，自 20 世纪 90 年代相对稳定的货币时代以来，人们对美国政治机构的信任程度大幅下降。[87] 回顾最近一段时间，政治比以往任何时候都更加两极化。街头暴力不只局限于美国，而是在世界各地爆发。激进的运动貌视社会规范，攻击美国民主资本主义制度的基本价值观以及宪法和开国元勋等象征。政府规模变得更大，干预力度也更强，政治辞令变得更加黑暗和悲观。

社交媒体的兴起和新冠肺炎疫情大流行确实在这些事件中发挥了作用，但公共话语中频繁出现的妖魔化和替罪羊，越来越让人觉得这个国家陷入了通货膨胀的不安之中。

比如，拜登政府指责肉类生产商和其他行业造成了高价格和"暴利"。[88]

美国社会因通货膨胀引发的货币贬值不仅仅是一个国内问题。长期以来，企业家活力就是美国的力量源泉，但通货膨胀削弱了这种活力，威胁到国家安全。这种情况在20世纪70年代开始显现。通货膨胀削弱了这个国家的经济实力和它的政治决心。美国从东南亚撤退，抛弃了南越；古巴的苏联式共产主义似乎要接管中美洲；尼加拉瓜同古巴和苏联结盟。美国在当时看起来将要衰落。这个国家的军事力量被忽视了，海军舰艇年久失修。这种软弱助长了竞争对手的胆量。1979年12月，苏联毫无顾忌地进军阿富汗。[89]美国在当时还未能营救被伊朗扣押为人质的外交官。

幸运的是，到20世纪80年代初滞胀就已经消失了。美国在罗纳德·里根执政期间恢复了实力。我们将在下一章中看到，他是少数成功战胜了严重通货膨胀的领导人之一。

第四章

如何结束经济低迷

大部分国家控制通货膨胀的表现都十分糟糕。对货币的误解使得政府和中央银行过于频繁地让货币贬值。这意味着它们没有能力把通胀这个"妖怪"重新收回瓶中。历史上终结货币灾难的尝试屡见不鲜,但这些尝试都以失败告终,并且还使情况进一步恶化。

这源于政策制定者通常不能或不愿揪出导致本国货币贬值的真凶。相反,他们会指责市场:人们花了太多的钱,企业欺诈,经济过热。这通常会迫使商家降价,或者让人们减少消费,但这些策略从来都不是长久之计。

阿根廷:资本管制失败。许多国家试图通过所谓的"资本管制"来人为地增加对货币的需求,以此稳定其暴跌的货币。阿根廷定期限制企业以美元开展业务[1]或限制其使用信用卡,[2]试图支撑陷入困境的比索。这些管制被取消了一段时间后，又被重新实施，严重削弱了阿根廷主要以美元进行的贸易。2021 年，在经历了短暂的回落之后，阿根廷的通胀率（已经达到 50%）再次飙升。比索的币值从 2017 年的 15 比索兑 1 美元跌至 107 比索兑 1 美元。[3]

土耳其：打击"食品恐怖分子"。价格管制是另一种受欢迎的方法，常伴随着来自专制政权的胁迫和羞辱。土耳其铁腕总统雷杰普·塔伊普·埃尔多安针对土耳其里拉贬值导致的食品价格上涨采取了措施。[4]他指责境外"食品恐怖分子"与国际投机者勾结。[5]他呼吁市民举报"欺负"消费者的食品销售商，并下令对食品店和仓库进行价格检查。为了稳定市场价格，政府还开设摊位出售打折食品和其他产品。这些努力对土耳其恶化的通货膨胀只是杯水车薪。食品价格仍以每年超过 25% 的速度上涨。[6]

委内瑞拉：印更多的钞票。委内瑞拉的通胀率是世界上最高的。[7]该国一度对包括玉米面、汽车零部件和儿童玩具在内的所有商品实行严格的价格管制。[8]政府也为此派出了一支配备有中央银行数据的物价纠察队，以追查所谓的哄抬物价者。在国家经济被进一步破坏后，对物价的管制最终放松了。政府转而开始不断地印钞,为其仅一年内就猛涨60倍的薪资开销提供资金。

尼克松冲击:价格爆炸。价格管制也是尼克松最喜欢的方法。面对温和的通货膨胀,尼克松在1971年采取了90天的工资和物价冻结措施。[9]这是美国历史上唯一一次和平时期的工资和物价管制。他后来成立了工资委员会和物价委员会,[10]负责批准工资和物价上涨。尼克松深信,这些控制措施与美联储的货币扩张政策相结合,将以最低的通货膨胀率促进就业。尼克松确实赢得了连任,但是他的举措并没有抑制物价上涨。在与黄金脱钩后,美元在外汇市场的价值大幅下跌,导致消费者价格指数飙升至最高点。

在接下来的四年里,美国的年通胀率达到了两位数。尼克松被迫辞职后,其继任者杰拉尔德·福特在1974年发起了一场公关活动,以应对不断攀升的油价。[11]该活动分发了印有"WIN"的红色大徽章。[12]"WIN"意为战胜通货膨胀,是"Whip Inflation Now"(立即遏制通货膨胀)的首字母缩写。该活动呼吁大众行动起来,采取拼车、调低恒温器温度、开辟菜园等手段应对危机。

严重的经济衰退和高失业率暂时抑制了通货膨胀，但WIN运动并没有阻止美元的跌势。这些徽章最终成为收藏家的藏品，在易贝（eBay）上可以买到，并作为政府应对通货膨胀不力的象征被载入史册。

图4.1　著名的WIN徽章，这是杰拉尔德·福特总统发起1974年"立即遏制通货膨胀"运动的象征[13]

福特的继任者吉米·卡特总统试图通过减少进口石油来遏制油价上涨，但这只是延长了当时被称为"卡特油管"的时间。在一次著名的演讲中，他穿着一件开襟羊毛衫，恳求市民降低恒温器的温度。[14]这一呼吁并没有降低通胀率，到他任期结束时通胀率已接近15%。[15]

通过"紧缩"对抗通货膨胀的神话

另一个对抗通胀的策略是"紧缩"，包括严厉的增税、超高的利率、政府削减开支等手段,当然还有进一步的货币贬值。这些所谓的补救措施是建立在对大萧条不完全正确的批评之上的。与现今相似,当时的凯恩斯主义者也将通货膨胀主要视为一种非货币现象。他们将其归因于繁荣的经济对商品和服务的过度需求。换句话说,他们将其归咎于经济繁荣。他们认为,通货紧缩来自经济萧条。紧缩措施的目标是通过制造"经济衰退来抑制通货膨胀",以抑制通货膨胀所造成的价格上涨。

这并不是这些严厉举措背后唯一让人费解的地方。其支持者还声称,大幅增税是一件"好事",因为它们表面上有助于政府平衡预算,避免不得不印钞票。此外,这还将"冷却消费需求",从而减轻价格压力。

同样荒谬的是那些为实施紧缩政策的超高利率辩护的人,该利率可能达到15%甚至更高的水平,这被认为是预防迫在眉睫的经济衰退所必需的措施。高利率还意在吸引对一个国家高收益债券的投资。紧缩政策的倡导者坚称,由于投资者可能需要用该国的钱购买此类债券,加息便会增加对该国货币的需求,从而提高货币价值。至少,这是他们的想法。

紧缩是国际货币基金组织(IMF)最喜欢的对抗通货

膨胀的"补救措施"。IMF 是由 190 个国家和地区组成的全球性组织,其使命之一是促进全球金融稳定。[16] 饱受严重通货膨胀困扰的国家经常求助于 IMF 的专家,他们其实不应该这样去做。因为在采纳 IMF 的建议后,世界各国危机频仍,经济遭受重创。那为什么仍有这么多国家一直在采纳?因为它们会得到丰厚的援助计划的奖励。这些援助计划可以带来数亿甚至数十亿美元。

IMF 给亚洲开出的"坏药方"。[17] IMF 典型的失败案例是 20 世纪 90 年代末对亚洲货币危机的干预。在此期间,美元升值给亚洲那些与美元挂钩的货币带来了压力。交易员抛售泰铢和该地区的其他货币,转而买进美元。

但 IMF 坚称,问题核心在于泰国政府的赤字。该组织建议采取增加税收和限制支出的紧缩计划,将政府的微小赤字变为盈余。然而,这一策略却是一场灾难。泰铢进一步贬值,抗议石油产品增税的示威活动也爆发了。泰国最终撤销了这些政策,泰铢的价值才开始回升。

苏联的一场货币灾难。[18] 20 世纪 80 年代末至 90 年代初,苏联也犯过类似的错误。在卢布崩溃导致通货膨胀螺旋式上升时，苏联向 IMF 求助。基于戈尔巴乔夫与西方搞好关系的"改革"政策，苏联开始更多地用美元进行国际贸易，对卢布的需求随之大幅下降。与此同时，其官僚主义政府开始通过增印钞票来为其巨额赤字融资，最终导致恶性通货膨胀。

为苏联解决问题的 IMF 顾问建议通过减少卢布的供给来减缓恶性通货膨胀。市民们可以将较高面额的纸币换成等值的低面额纸币，但有一个附加条件：每人最多只能兑换 1 000 卢布。政府实际上是从陷入困境的公民那里窃取了钱。但问题不在于供给本身，而在于没人信任卢布。通过宣布本国货币一文不值，苏联使这个问题呈指数级恶化。没人想要再持有卢布。卢布币值在世界货币市场上暴跌。苏联的工业生产和 GDP 也因此衰退。

在这个时候，戈尔巴乔夫的继任者叶利钦进行了深度改革，将俄罗斯国营经济私有化。许多其他商品的价格，如石油等的价格也被放开了，税率也被进一步提高。在恶性通货膨胀和高税率的共同打击下，俄罗斯并没有向真正的市场经济过渡，相反，出现的是经济混乱与崩溃。卢布基本上毫无价值。那些仍在运转的工厂用自己的产品来支付员工工资。工人们会收到成箱成箱的厕纸、刹车片或床垫，随后在黑市上出售这些产品，从而逃避政府令人讨厌的增值税。俄罗斯农业转向满足国内需求。工人们吃他们自己种的东西。城市居民在后院和屋顶上建起了自己的菜园，以满足基本的食物需求。

为了遏制经济下跌的趋势，IMF 建议实施新一轮紧缩政策（俄罗斯也遵照实行了），除了削减支出，还包括一系列新的税收，目的是创造财政盈余。但增税只是加重了卢布的贬值压力。IMF 制造的这场灾难促使铁腕人物普京上台。

为什么"修复"会失败

对抗通货膨胀的法规和税收策略之所以失败，是因为它们没有恰当地解决危机的根源——货币贬值。如果不能解决这个核心问题，那么其他各种各样的"解决方案"，只会进一步削弱人们对政府及货币的信心，使得事情变得更糟。

控制价格的问题。控制工资和价格本质上是"反向通货膨胀"。它们会导致物价被人为压低。一个常见的后果是商品短缺。20 世纪 70 年代，俄罗斯、委内瑞拉和其他实行价格管制的国家的燃油管道和空空荡荡的货架都揭示了这一后果。

货币管制滋生的黑市。强制人们使用几乎一文不值的货币可以刺激需求并提高货币价值——至少在初级阶段是这样。依靠货币管制，马来西亚和中国得以平稳度过亚洲金融危机。但这只是权宜之计，人们总能找到绕过它们的方法。被限制使用美元的阿根廷人通过黑市来规避管制，被称为"小树"的黑市货币交易员几十年来一直是当地人生活中的一部分。[19] 他们对街上的行人高呼"兑换！"，以优惠的汇率换取游客手中的美元，然后这些黑市货币交易员再将美元卖给饱受通货膨胀之苦的阿根廷人。

"紧缩"会有什么问题呢？就像所有其他失败的政策一样，紧缩政策的重点是通过制造衰退来抑制价格，而这完全忽略了一点，即通货膨胀从根本上说是由于货币贬值而非消费过度导致的价格上涨。正如我们在 IMF 对亚洲和苏联的干预中看到的那样，严厉的紧缩措施很容易引发衰退，它们通常并不能结束通货膨胀，反而往往是加剧危机。高税收扼杀了经济活动，而那些超高的利率也无法使投资者对不可靠的货币产生兴趣。商业会出现衰退。货币需求被摧毁，供给过剩的局面将会持续下去，加剧已有的通货膨胀。

想象一下，如果美联储突然将隔夜联邦资金利率定在25%，美国将会发生什么呢？没有人能负担得起贷款，更没有人愿意去投资。股市也将遭遇重创，美元价值几乎肯定会因此暴跌。没错，紧缩可以让经济降温。但就像古代的放血疗法一样，疾病被"治愈"了，病人却死了。

外汇干预。各国央行还将采取额外的紧缩措施，试图通过使用外汇储备（比如美元或欧元）在外汇市场上购买本国货币，以此支撑货币价值。如果你读到这里，可能会认为这是可行的。他们看起来是在减少货币供给，但这种所谓的"外汇干预"往往会失败。因为央行在买入本国货币后，最终会将这些货币重新投入国内经济。货币供给量并没有减少。用央行的术语来说，这种外汇干预最终会被"冲销"。当看到央行这么做时，市场就知道很可能会失败。信心便进一步下跌。泰国和印度尼西亚在20世纪90年代亚洲金融危机期间都犯了这个错误，未能有效地遏制通货膨胀。

国际货币基金组织的"一刀切"解决方案。正如我们已经指出的那样,并不是所有的通货膨胀都是政府赤字和不断扩大的货币供给所造成的。在亚洲金融危机中,许多陷入困境的国家拥有世界上负担最轻的政府账户,远优于大多数发达国家。这里仅举两个例子:泰国和韩国在1996年的政府债务总额不足国内生产总值的10%,但IMF的官员们却忽视了这一现实。[20] 他们自上而下的建议完全行不通。

复杂的附加条件。IMF的建议还夹杂了相当多的政治性因素。IMF的贷款旨在帮助一个国家重新站稳脚跟,并增强人们对该国货币的信心,但其中可能附带了无数反映政客们愿望清单的要求。[21]

印度尼西亚的情况就是如此。在亚洲金融危机期间,印度尼西亚的货币也大幅贬值。印度尼西亚政府内部的改革派高兴地将自己偏爱的项目纳入到了IMF的贷款条件清单之中。保守派希望进行一系列自由市场改革;自由派则希望加入有关人权和环境的条款,甚至包括对捕鱼进行限制。

IMF提出的100多项贷款条件,对于提升印度尼西亚货币——印度尼西亚盾——的价值和解决该国的货币危机都没有起到任何作用。唯一暂时奏效的是在约翰·霍普金斯大学著名的经济学家史蒂夫·汉克的建议下成立一个货币发行局。[22] 货币发行局的功能是将一个国家的货币与另一个国家更稳定的货币挂钩。这肯定是解决恶性通货膨胀的好办法。然而，IMF 在克林顿总统的建议下，最终迫使印度尼西亚总统苏哈托放弃了该计划。印度尼西亚盾再次贬值。[23] 雅加达发生了骚乱。苏哈托最终被迫下台。

IMF 的一揽子贷款方案并不能弥补它经常开出的"毒药方"。IMF 已经向津巴布韦提供了数亿美元的援助，然而该国未能从其臭名昭著的恶性通货膨胀中抽身，以至于它不得不一次又一次放弃其原有货币，另起炉灶，但也收效甚微。

如何真正解决通货膨胀问题

如何结束通货膨胀？其实一个国家不需要加税或提高利率，也不用担心可怕的经济衰退，甚至不需要限制捕鱼。方法其实很简单，就是稳定货币的价值。

如何做到这一点呢？当一种货币开始贬值时，政府首先应该公开宣布其维持货币价值的意图。要做到这一点也很简单，就是要缩紧基础货币。（请读者记住，当供过于求时，货币就会贬值。）当人们意识到中央银行正在应对危机时，货币的价值及对货币的需求将迅速上升。投资者被稳健货币带来的回报前景所鼓舞，信心开始上升，货币价值也随之出现反弹，经济由此逐渐回暖。中央银行可能很快就得通过增加货币供给来满足急剧增长的需求，以防货币升值过快。

减少基础货币供给量有两种基本方式。一种是通过干预，即政府在外汇市场上购买本国货币。但我们刚才不是说过，这些行动一般都会失败吗？那是因为各国并没有恰当地操作这个流程。如果交易导致货币净供给量减少，外汇干预就会起作用。中央银行绝不能犯最常见的错误，即将所购得的货币重新投入国内经济，也就是之前提到的"冲销"。在一笔外汇交易中，每使用1美元或1欧元，货币供给就必须减少同等数量。

另一种方法是出售资产，通常是央行出售债券以换取本国货币，换句话说就是公开市场操作，货币以支付方式得到回收，这样就减少了货币供给。

正如我们将在下面所看到的，回归稳健货币的最后一条途径是制定有利于市场的政策。一个不断扩张的经济体往往会对货币产生越来越多的需求,这会推动货币价值提高。中央银行被迫采用"宽松货币政策"来刺激疲软经济的压力也会减少。

战后德国和日本的货币奇迹

从第二次世界大战结束后直到1949年,由于为填补政府赤字而大量印钞,德国再次陷入恶性通货膨胀。据估计,多达一半的交易是通过物物交换进行的。香烟和巧克力被作为等价交换物来流通。[24]

是稳健的货币和宽松的监管政策结束了德国战后的通货膨胀。盟国开始介入并邀请底特律银行家约瑟夫·道奇来解决德国的恶性通货膨胀问题。道奇立即宣布政府的赤字支出为非法,声称除非政府先从税收中获得收入,否则它不能花钱。这缓解了中央银行为政府融资的压力。过度膨胀的德国旧马克被德国新马克取代。德国新马克与以黄金为基础的美元挂钩。可怕的通货膨胀一夜之间就结束了。

德国新任命的经济机会办公室主任路德维希·埃哈德采取了与紧缩政策相反的做法。[25] 他将他参与创造的可靠的德国新马克与大幅减税政策相结合。他还取消了各种工资和价格管制,结束了战争期间实行的定量配给制度。德国经济实现了飞速发展。埃哈德随后成为新成立的德意志联邦共和国的经济部长，后来又成为德国总理。他在上任后实施了一系列减税措施。所得税的最高税率从95%下降到53%，[26]而适用最高税率的收入从60 000马克上升到110 040马克。20世纪五六十年代，德国成为世界上最强大的经济体之一。在经济蓬勃发展的背景下，德国中央银行无须使用"宽松货币政策"去推动经济发展。马克成为世界上最可靠的货币之一，并最终成为欧元的核心。

日本：政府支出禁令以及将日元与美元挂钩。在德国取得成功后不久，约瑟夫·道奇就被派往东京重操旧业。[27]彼时，日本中央银行也在加印钞票为政府提供资金，引起的恶性通货膨胀破坏了日本经济。道奇再次严格禁止赤字支出。这一禁令一直持续到1965年，并将日元与由黄金支持的美元挂钩。

通胀的危机很快就结束了，而且并非源自紧缩。日本也和德国一样大幅减税，并取消了国家销售税。[28]在20世纪50年代的一系列减税措施中，最高所得税税率从85%降至55%。股息、利息收入和资本利得都按正常的所得税税率征税。很快，股息的税率被进一步降低；利息收入的税率则被降至 10%；资本利得则被彻底免税。这个国家实现了与当今中国相媲美的增长速度，成为世界主要经济体之一，实现了比德国更胜一筹的"经济奇迹"。这两个国家的案例都证明了内森·刘易斯所说的"神奇公式"的有效性：稳健的货币和低税率。

保罗·沃尔克如何应对 20 世纪 70 年代的滞胀

30 年之后的 20 世纪 70 年代，美国面临着不同的挑战。在尼克松让美元脱离黄金这一传统的价值支柱后，物价飞速上涨。20 世纪 70 年代末，美国的通胀率达到了近 15%，[29] 陷入了"滞胀"的泥潭之中。通货膨胀在美国经济中扎根。不断上涨的物价被视为自然秩序的一部分。

1979 年 8 月，卡特政府时期担任美联储主席的保罗·沃尔克登场了。[30] 直到那时，央行的"宽松货币政策"终于被承认是导致经济病入膏肓的原因。沃尔克被授权解决这个问题，但他最初的尝试以失败告终。沃尔克一开始进行的是一项货币主义实验，只专注于调整货币供给，而不直接关注货币的价值。果然，这一策略并未奏效，原因之一是美联储只能直接控制总货币供给量的一部分，即由流通中的货币和银行准备金所组成的"基础货币"。央行并不管理支票账户、存单或货币市场基金等。然而，这种"准现金"工具会对经济活动和通货膨胀产生直接影响。由于沃尔克的货币主义方法也不关注货币价值，像过山车一样滑落的美元让处于其上的"乘客"眩晕呕吐。正如黄金价格所反映的那样，每盎司黄金的价格在 5 个月内从 300 美元左右飙升到 850 美元。[31]

美元在不久之后开始反弹，但消费者价格指数仍在上涨。沃尔克开始确信货币主义的方法不起作用，唯一解决办法是实行严厉的紧缩政策，包括允许利率达到前所未有的水平。但正如我们之前所指出的，消费者价格指数这类指标并不能及时反映美联储的行动，所以沃尔克又一次误判了。黄金价格在 1982 年回落到每盎司 300 美元。[32] 自里根就职以来，美元的价值翻了一番。

紧缩政策导致了预期的衰退。物价正在下降，但正如沃尔克承认"利率远高于我们的预期"，[33] 他可能做得太过火了。彼时，美国的 4 年期抵押贷款利率超过 18%，最好的短期贷款利率超过 21%，由此引发了痛苦的衰退。失业率甚至超过了此后 2008—2009 年金融危机时的高点。[34] 大宗商品价格的暴跌重创了农民，他们开着拖拉机来到美联储总部进行抗议，房屋建筑商把砖头和木板寄给美联储，汽车经销商则寄来了滞销汽车的钥匙。[35]

事后看来,我们很容易就能得出沃尔克应该更早放开"刹车"的观点。但他很可能会因此重蹈前任的覆辙。过去的尝试都产生了一些停顿,结果通胀卷土重来,物价上涨得越来越高。美国人迫切需要一个有效的解决方案。沃尔克必须确保通货膨胀这只猛兽这一次不会卷土重来。

当意识到不断走强的美元有引发全球金融危机的危险时,他最终放弃了这种严苛的做法。美元升值会让借入美元的国家实际的债务负担增加一倍。墨西哥向外界传递了其可能违约的信号。[36] 这让持有相当数量拉丁美洲债务的美国感觉到引火上身的危险。为了避免这样的灾难,沃尔克开始放松货币政策,为银行体系注入更多的流动性。过度紧缩和通货紧缩随后结束。利率开始下降,股市也随之上涨。

沃尔克在此后一直关注黄金和大宗商品价格,努力保持美元稳定。他着眼于货币价值,而不仅仅是货币供给量。沃尔克的成功,加上里根的自由市场政策,推动了美国经济的繁荣。在经历了20世纪80年代初的经济衰退后,美国经济在1983—1989年期间以每年4.3%的速度增长。[37] 痛苦指数[38]——一种综合了失业率和通货膨胀率的指标——从卡特执政时期 22% 的高点，下降到 1986 年底的 7%。[39]

沃尔克宽松的大宗商品标准并不像传统的金本位那么有效。每盎司黄金的价格仍在 300～500 美元之间剧烈波动。[40] 艾伦·格林斯潘于 1987 年接替沃尔克担任美联储主席。[41] 作为金本位的长期支持者，他改进了沃尔克的策略，进一步抑制了美元的波动，使每盎司黄金的价格接近 350 美元。

"大缓和"。格林斯潘后来承认，他当时的政策是通过实际上的金本位来维持美元的稳定。他在 2004 年的一次国会听证中解释说："在这个法定货币①时期，最有效的中央银行往往会取得成功，主要是因为我们倾向于重复在商品本位制②下可能发生的事情。"[42]

世界各地的中央银行都效仿了格林斯潘的做法。他在 2005 年表示："自 20 世纪 70 年代末以来，央行官员们的行为就好像我们还在遵守金本位制一样。"[43] 格林斯潘的货币稳定政策为 20 世纪八九十年代低通胀、高增长的"大缓和"奠定了基础。[44] 他的成就赢得了赞誉，包括一个受

---

① 法定货币：指不代表实质商品或货物，发行者亦没有将货币兑现为实物的义务，只依靠政府的法令使其成为合法通货的货币。——译者注
② 商品本位制：指将贵金属作为货币定值标准，如国际金本位制。——译者注

人尊敬的"大师"称号以及爵士头衔。不幸的是，20 世纪 90 年代末，格林斯潘忽视了黄金和大宗商品发出的信号，任由美元升值到令人痛苦的水平。强势上涨的美元最终引发了亚洲货币危机。直到今天，大多数经济学家仍然不明白，美元的价值才是引起 20 世纪 70 年代滞胀以及 20 世纪八九十年代大缓和的关键因素。

俄罗斯：一个不太可能的成功故事。20 世纪 90 年代末，IMF 在俄罗斯的灾难性计划为普京搭好了舞台。普京上台时承诺，他可以结束毁灭性的恶性通货膨胀。正是这种恶性通货膨胀使俄罗斯变成了一个以物易物的经济体。他对经济增长率作出了 7% 的乐观预期。这种承诺很容易被这个在过去 20 年里一直处于混乱状态的国家所接受。

1999 年 8 月，普京上任后不久，几乎立刻就开始履行诺言。一长串税收被降低或取消。[45] 他还在 2000 年通过了一项激进的 13% 的单一所得税税率政策。[46] 这是世界上最低的税率。[47] 不设税级的单一税制不会导致税级攀升，由此可以抵御通货膨胀。随着企业为经济繁荣做好准备，对卢布的需求自然增加，卢布兑美元汇率稳定在 29:1 左右。[48]

这一政策的成果显著。俄罗斯经济在 2000 年增长了

10%,⁴⁹是自20世纪60年代以来的第一次高速增长。由于13%的单一税率，人们再也没有任何逃税的理由了。个人所得税提供的财政收入在一年之内增长了46%。凭借减税政策与可靠的货币情况，俄罗斯像20世纪50年代的德国那样开始经济复苏。不幸的是，这次经济奇迹因2008年全球金融危机戛然而止。在随后的经济衰退中，税率被大幅提高，卢布币值一落千丈。俄罗斯央行以超过30%的超高利率作为应对策略，但这并未能抑制通胀。内森·刘易斯在俄罗斯在线杂志 *Pravda.ru* 上撰文，建议该国中央银行通过"非冲销"式的外汇干预以减少基础货币，以此稳定卢布币值。在2009年2月，这一方案得到了官方采纳并立即取得了成功。卢布的价值开始提升。利率在几个月后骤降至不到10%。⁵⁰俄罗斯的危机已经结束了。

现在怎么办

那美国怎么办？美国能抑制日益严重的通货膨胀吗？答案是可以，并且可以马上实现。如果美国重新认识到稳健美元的重要性，并有保持美元价值稳定的政治意愿，那么20世纪八九十年代的金融稳定和蓬勃发展就有可能重现。我们接下来将介绍使美国或其他国家结束通货膨胀的几种方法。

货币发行局。我们在前面解释过，货币发行局是一种类似于金本位制度的货币管理机构，但它不是将一种货币与黄金挂钩，而是与美元、欧元或另一种更稳定的"锚定"货币挂钩。货币发行局已经存在了150多年，即使在面对最剧烈的恶性通货膨胀时也取得了成功，而且通常只需要几天的时间。它们既不能放贷或印钞，也没有中央银行的任何权力。它们唯一的任务就是通过确保币值稳定来防止通货膨胀。

约翰·霍普金斯大学的经济学家史蒂夫·汉克曾帮助世界各国设计货币发行局。[51]他解释说："为了提振信心，一种当地货币要'百分之百'地得到一种锚定货币的支持。"[52]他表示："如果你不喜欢货币发行局发行的本土货币，可以把它换成锚定货币。由于有100%的存款准备金率，所以你总能找到锚定的货币。"

20世纪90年代，立陶宛和爱沙尼亚这两个波罗的海国家通过建立这一体系阻止了可怕的通货膨胀。[53]拉脱维亚通过建立准货币发行局也取得了同样的效果。[54]这三个国家都挺过了2008年的金融危机，没有发生货币动荡，而其他地区的货币则出现了暴跌。非洲的一些国家也建立了类似货币发行局的制度,[55]通过与欧元挂钩以稳定本土货币。香港地区的货币发行局自1983年以来也一直将港币与美元挂钩。[56]

1997年,汉克建议保加利亚政府采取这种解决方案,[57]以恢复人们对本国货币列弗的信心,并结束年通胀率一度超过2 000%的恶性通货膨胀。[58]在汉克的建议下,保加利亚疲软的货币与德国货币挂钩,列弗奇迹般地被改造成了又一个强大的马克。接下来发生了什么?他回忆道:"几乎在24小时之内,通货膨胀就从经济系统中消失了。"保加利亚的名义利率在一个月内达到了个位数。[59]曾经以每年超过10%速度衰退的经济突然出现了转机,很快就开始以近5%的速度强劲增长。[60]保加利亚和其他建立货币发行局的国家证明了如下观点:如果货币是稳定的(货币与美元或欧元挂钩),即使是最极端的恶性通货膨胀也会结束。

汉克指出,世界各地已经建立了约70个货币发行局,且从来没有一家失败过。[61]但他也强调,货币发行局成功的关键是遵循规则。阿根廷在1991年初建立了一个被错误地称为货币发行局的"可兑换体系"。[62]这一体系并没有奏效,因为它的运作更像是一家中央银行。它参与了货币创造,破坏了阿根廷比索与其锚定货币美元之间的联系。货币发行局制度的成功表明了稳定币值对抑制通货膨胀的重要性。用汉克的话来说："稳定并非万能的，但没有稳定一切都是空谈。"[63]

大宗商品标准。另一种有效的方法是沃尔克—格林斯潘战略。该战略将大宗商品与黄金这二者的价格作为美元价值的晴雨表。当它们的价格上涨时，意味着美元正在下跌，是时候收紧基础货币供给了；大宗商品和黄金价格下跌时，则应该扩大基础货币供给。正如格林斯潘所承认的那样，这个是一个近似于金本位制的不完美体系。这就引出了一个问题：为什么不用真正的金本位制呢？

终结通货膨胀的最好方法

到目前为止，稳定美元币值的最好方法是回归金本位制。在历史上的大部分时间里这个体系都行之有效，成为美国传奇经济繁荣的基础。美国19世纪末的金本位制时代就没有通货膨胀，这也是一个历史性的财富创造时代。许多方面的表现甚至远胜今天。[64]

然而，没有通货膨胀并不一定意味着价格波动的结束。正如我们此前解释过的，随着供给、需求和生产率的变化，价格将继续发生变动，但与黄金挂钩的美元将消除任何由通货膨胀引起的价格扭曲，将使价格表现真正的市场价值。换句话说，黄金将使货币几十年来第一次完全发挥其作为价值衡量标准和交易促进者的作用。在市场上做生意的人有了一个真正有效的工具。商业活动将会蓬勃发展。

还有研究表明，金本位制不仅会消除通货膨胀，还能够阻止经济危机。自1971年法定货币时代揭幕以来，重大金融危机爆发的数量急剧增加，而稳定的货币从来没有引发过经济危机。

稳健货币与经济繁荣之间的联系已被一再证明。这不仅体现在19世纪历史性的财富创造上，还体现在20世纪五六十年代那段战后勤劳的岁月里。当时世界都在布雷顿森林金本位制下。用经济学家朱迪·谢尔顿的话来说："我们实现了最大程度的共享增长，而不是牺牲穷人的那种不均衡发展。发展成果被大家共享。世界各地都有了不起的经济表现。但令人惊讶的是，人们没有注意到这个为大家共享的增长奇迹时代与世界实行固定汇率制度的时期完美重合。"[65]

黄金：前进的方向

那我们如何回到那个奇迹时代呢？通过回归金本位制，重返那个零通胀和稳健货币的世界是完全有可能的，而且比许多人想象的要容易得多。

有这么几种不同的金本位制度，其中已有两种付诸实施。第一种是经典的金本位制，从1870年到1914年第一次世界大战爆发，世界上最大的经济体都在使用这种金本位制；第二种是两次世界大战后使用的黄金兑换标准。还有另外两种方式是：使用一种100%由黄金支持的货币，以及我们所说的黄金价格体系。每一种方法都各有褒贬，但在所有这些体系中，货币都与黄金挂钩，货币的价值锚定于黄金。

这并不是什么新奇的概念。目前已有数十个国家和地区将本地货币与美元或欧元挂钩，以此稳定本地货币。美国只需要将美元与黄金挂钩，而黄金的价值在几个世纪以来已被证明比任何货币都更加稳定。下面我们阐述一个在21世纪行得通的新金本位制的建议。

21世纪金本位制。我们的建议结合了原有金本位制的基本原理，同时又避免了它们的弱点。美国不需要担心黄金储备的问题，也不需要那些金条堆积如山的金库。美国所要做的就是让货币与黄金挂钩。

在这个制度下，美元将与特定的黄金价格挂钩。这个价格可以由基于最近5年或10年的平均金价来决定，以此作为应对通货紧缩的保险措施。美联储将主要通过公开市场操作，保持美元的价值与黄金的价值挂钩。这种做法就像如今的货币发行局那样。货币供给量会在货币趋于疲软时被收缩，在货币过于坚挺时扩张。

唾手可得。实施该计划需要的时间不会超过一年。政府应该宣布正式转换为金本制的确定日期。渐进式的过渡将有助于市场为回归金本位货币做好准备。在货币贬值期间，黄金价格反映出投资者对于这个变化的担忧。宣布即将实行金本位制将有助于缓解这种焦虑。一个更为合理的黄金价格应该会重新出现，从而更容易实现美元与黄金的挂钩。这一过渡期还将使金融机构和投资者能够调整对未来利率的预期，并改变投资策略，以适应货币稳定的新环境。全球市场也会做出类似的调整。美元兑换黄金的汇率将被允许在1%的范围内波动。这也是在布雷顿森林体系下货币兑换美元的汇率波动幅度。[66]

美联储该扮演什么角色呢？ 美联储将甩掉它的"双重使命"，不再承担通过"宽松货币政策"和利率操纵来解决失业问题的任务。我们已经讨论过，这种做法最终会破坏经济增长、破坏就业机会的创造。美联储也将不再负责确定联邦基金利率，即银行间相互借款时所要支付的利率。它也无法支付银行准备金的利息。但美联储仍然可以设定贴现率，即银行在其贴现窗口向美联储借款时所要支付的贴现率。这一利率水平将被设定在类似期限的自由市场利率之上，这样银行就不会利用这一窗口获得廉价的资金来源再对外进行放贷。这曾是19世纪末英格兰银行使用的基本方法，彼时英镑正是世界上与黄金挂钩的主要货币。

如果美国选择金本位制，其他国家很可能会将它们的货币与美元挂钩，哪怕只是为了方便。拉丁美洲和亚洲的许多国家已在努力保持本国货币与美元紧密挂钩。这不仅是为了与美国的贸易和投资更加便利，也是为了确保这些国家的中央银行捍卫本币与美元的联系，从而避免1997年亚洲金融危机中出现的那种投机性冲击。这意味着这些国家被鼓励将本国货币与美元挂钩（许多国家已经这样做了）

或将本国货币与黄金直接挂钩。这两种方法都可以实现恢复稳定汇率和稳健货币这一主要目标。

重新思考金本位

虽然凯恩斯主义的拥护者认为通过稳健的货币来战胜通货膨胀并带来经济繁荣的想法是"违反直觉的",但事实与之相左。这种做法完全可行。不幸的是,在过去的几十年里,经济学界一直被自己的"取消文化"①所束缚。长期主导该领域的凯恩斯主义者已经停止了任何关于回归金本位的讨论。

他们的僵化立场在一定程度上是出于对金本位制运作方式和人性的长期误解。由于除了维持美元与黄金挂钩外无事可做,美联储便不再需要超过 2 万名工作人员。凯恩斯也基本上承认,权力的吸引力来自通过操纵浮动的法定货币来管理经济(或者更准确地说是弄巧成拙)。无论出于何种原因,彻底结束通货膨胀都需要克服回归金本位所遇到的阻力。以下是一些对金本位的常见质疑。这些问题很容易回答。

---

① 这里指的是一种抵制行为。——译者注

质疑："黄金的价格波动意味着它动荡不定，无法为美元提供稳定的基础。"

回答：并不准确。黄金的内在价值变动很小。数千年来，黄金都作为货币的稳定基础。由于黄金的价值保持不变，所以它的价格波动反映了美元的变化。这与黄金无关。这是美元的问题。这一点需要被再三强调。

质疑："世界上没有足够的黄金来支撑美元当前的价值。"根据这种推理，美国只有大约2.61亿盎司黄金，所对应的市场价格约为5 000亿美元，[67]而目前市场上的基础货币总量超过6万亿美元。[68]这种观点由此认为将美元与黄金挂钩会导致严重的通货紧缩。

回答：金本位制不是为了"供给"，而是为了维持货币价值的稳定。类似于沃尔克和格林斯潘使用的大宗商品本位制，货币价值只是锚定于黄金。金本位制并不需要大量的贵金属来发挥作用。黄金的价格是维持美元币值稳定的晴雨表，需要根据黄金价格的变动对货币供给量进行相应调整。即使在古典金本位制的鼎盛时期，也没有一个国家的货币有百分之百的黄金作为支撑。英国用以支撑英镑的黄金数量通常很少。其他国家也是如此。如果美国决定实行可兑换货币制度,允许人们以固定汇率兑换美元和黄金,那么即使美联储的资产负债提升,美国政府仍有足够的黄金储备来维持这样一个体系的运转。

质疑:"金本位制意味着政府将无法扩大货币供给。"

回答:并非如此。货币供给量可以增长到满足经济增长所需的水平,同时保持币值稳定。如前文所述,1775—1900年,尽管美元与黄金挂钩,美国的货币供给量还是激增了160倍。1934[69]—1971年[70],美元以每盎司35美元的汇率与黄金挂钩,[71]而美元的基础货币量扩大了10倍。这支撑了美国在20世纪40年代末到60年代的经济增长。

质疑:"金本位制导致了大萧条。"

回答:"其实不然。"即使是对金本位制最直言不讳的批评者也不会将大萧条归咎于金本位制。即使是对金本位制提出最尖锐指责的著名货币历史学家巴里·艾肯格林也不认为金本位制是导致大萧条的真正原因,而只是说它放大了大萧条的影响。[72]

凯恩斯及他的众多继任者也没有将大萧条归咎于金本位制。他们实际上是因为黄金阻碍了货币贬值和利率调节才反对金本位制。他们认为只有通货膨胀主义才能提振经济并结束经济衰退。

实际上，大萧条开始的真正原因是《斯姆特－霍利关税法案》。[73] 这项前所未有且令人震惊的立法最终对 3 000 多种进口商品征收平均 60% 的关税，引爆了一颗可以摧毁全球贸易体系的炸弹。该法案的颁布引发了一场世界性的贸易战，其对全球商业的破坏程度堪比 1914 年爆发的第一次世界大战。经济崩溃了。税收也紧随其后。世界各国政府都对这突如其来的剧变不知所措。他们最初的对策是大量增加税收（也就是实行紧缩性政策），但这只会加剧经济衰退。德国、英国和美国遭受了最严重的打击。美国政府在 1932 年颁布了一项大幅增税的法案。所得税的最高税率从 25% 跃升至 63%。这大幅加剧了经济衰退。而这一税率到 1936 年又进一步提升到了 79%。[74]

质疑："金本位制阻碍了英国从大萧条中复苏。" 1931 年底，当英国脱离金本位制并实行英镑浮动汇率制时，英国经济便随之复苏了。

回答：此举产生的推动作用只是昙花一现。英国很快就不得不提高利率以支撑暴跌的英镑。此外，世界各地以英镑计价的证券本来在当时被认为是无风险资产，但英镑贬值导致其价值暴跌。这让投资者陷入了金融危机。其他国家也紧跟英国脚步，纷纷对本国货币进行贬值。至少有20个国家贬值了本国货币。[75] 美国在1933年进行了货币贬值；比利时在1935年紧随其后；意大利和法国在1936年也采取了同样的措施；瑞士也是如此。这种"以邻为壑"的货币贬值延长了大萧条的时间。

今天的凯恩斯主义学者可能会为货币贬值喝彩，但那些真正经历过货币贬值的人却不会如此。20世纪30年代的痛苦经历导致世界各国寻求结束法定货币的不稳定性。最终在1944年，同盟国和中立国在美国的新罕布什尔州召开会议，建立了新的国际货币体系——布雷顿森林金本位制。[76]

第五章

你的钱该怎么办

第五章 你的钱该怎么办

这一切对你的钱意味着什么？你能够保全甚至增加你的资产，从而跑赢通货膨胀吗？

并没有一个简单的方法来解决这个问题。在 20 世纪 70 年代的滞胀时期，《福布斯》杂志的封面上出现了一块在沙漠中的冰块。这块冰被雨伞遮盖着。[1] 该期杂志的标题是："通货膨胀：如何保护好你的资本？"该杂志警告读者："我们不能说谎。考虑到我们的税法和如今的恶性通胀率，个人投资者还没有可靠的方法来保住其资本，更不可能通过投资来扩大资本了。如果有人跟你说情况并非如此，请一定要看紧钱包。"

自新冠肺炎疫情暴发以来，通货膨胀一直是头条新闻。形势将恶化到何种地步？你所获得的解答将来自专家和电视节目。例如，人们常说，随着时间的推移，股市的回报率会超过通货膨胀率。事实确实如此，但在短期之内情况可能会表现得非常不稳定。就像美国在 20 世纪 70 年代经历的那样，严重的通胀可能意味着更多过山车式的波动、触目惊心的市场跳水，以及让人眼花缭乱的股价上涨。与此同时，那些所谓的市场高点可能并不是看起来的那样，它们可能只是对通货膨胀所致价格扭曲的反映，而不是价值的实际增长。20 世纪 70 年代，"大通胀"影响下的道琼斯工业平均指数下跌了 50% 以上。[2] 21 世纪的头十年，再一次受到通胀冲击的道琼斯指数又经历了类似程度的下跌。[3]

在这种环境下，可能无法"对冲通胀"，但成为一名见多识广的投资者一定会有所帮助。本章的目的是提供一些分析工具，帮助你梳理自相矛盾的信息洪流，从而做出更好的投资决策。

弄清楚到底是怎么回事

搞清楚金融问题就像医疗诊断，你观察各种指标所表现的症状，然后得出结论。

消费者价格指数。由美国劳工统计局编制的消费者价格指数衡量的是城市消费者为一篮子产品和服务支付的价格。除了美国的消费者价格指数，还有针对特定地理区域的指数。消费者价格指数网站收集了如汽车燃料和食品等特定产品类别的价格比较数据。你可以找到所有商品和特定产品类别平均价格的月度同比变化情况。

但批评人士也指出了消费者价格指数自身存在的弱点。被该指数观测价格变动的一篮子商品在多年来已经发生了变化。[4] 消费者价格指数也不包括由雇主支付的医疗保险等主要支出的价格数据，也未将联邦医疗保险或联邦医疗补助等政府项目包括在内。

此外，消费者价格指数可能低估了通货膨胀，因为它忽略了消费者行为对价格上涨的反应。例如，家庭可能在肉类上花费相同的金额，但现在他们买的是更便宜的肉。因此，后续出现了不同版本的消费者价格指数和其他指数，试图针对这些缺点进行相应的调整。[5]

消费者价格指数通货膨胀计算器。[6] 作为消费者价格指数的一个分支，消费者价格指数通货膨胀计算器可以告诉你美元的购买力在一段时间内下降了多少。（它几乎从没有增长过。）根据这一计算器的计算，2000 年的 1 美元的购买力相当于 2021 年的 1.62 美元。美元的购买力下降了 38%。

个人消费支出指数。受到美联储经济学家青睐的个人消费支出指数是另一种价格指数。[7] 它与消费者价格指数非常相似，只不过是基于不同的计算公式。它记录了消费者广泛支出范围内的通胀或紧缩。与消费者价格指数不同的是，个人消费支出指数包括由第三方保险支付的医疗服务成本。[8]

然而，所有价格指数都存在缺陷，因为它们只局限于价格。正如我们之前所指出的，这只是通货膨胀的症状，而不是其致病的原因。货币贬值可能需要一段时间才能体现在生活成本上，因此政府的数据可能低估了通货膨胀水平。例如，根据消费者价格指数数据，2020年7月发布的美国年度通胀水平约为1%，[9] 但人们已经感受到了价格的上涨，没有人相信那些数字。不幸的是，人们的感觉是对的。没过一年，消费者价格指数显示了已有5%的通胀率。

最佳的通货膨胀指标

如果你想知道美元的价值发生了什么变化，首先应该看看金价的变化。许多网站都有最新的黄金现货价格。

如何解读黄金价格。当金价上涨时，或者说需要更多的美元来购买一盎司黄金时，通常意味着美元的价值下跌了。但黄金价格的短暂飙升并不一定代表发生了通货膨胀。日常的价格波动可能并不显著，但如果价格上涨并长期保持在高位，或者价格的总体趋势是上升的，这便标志着美元价值的下降。

大宗商品价格。你还应该关注其他大宗商品的价格。石油、白银和小麦等大宗商品比黄金更容易受到供需变化的影响。它们的价格不只会因为货币价值的变化而涨跌。但就像黄金一样，如果美元下跌，这些大宗商品的价格将会上涨，但大宗商品价格通常滞后于黄金。因此，通常在美元贬值导致金价上涨一年后，大宗商品的价格可能才会随之上涨。

在除黄金以外的大宗商品中，石油价格通常是显示美元走势的最佳指标。20世纪70年代初的油价飙升，便是对"尼克松冲击"后美元贬值的直接反应。但石油价格也能反映真正的供需波动。油价在2021年的上涨不仅是因为美元走弱，[10]还因为经济重新开放以及拜登政府对国内能源生产的新限制所造成的石油供不应求。[11]

单项商品的实时价格可以在《华尔街日报》、福克斯商业频道、彭博新闻社和CNBC（美国消费者新闻与商业频道）等商业新闻媒体上找到。此外，还可以看看路透商品研究局指数、彭博大宗商品现货指数和标普高盛商品指数等大宗商品指数。

美联储在做什么？ 除了关注黄金和大宗商品的价格，了解美联储的货币政策方向也会对我们有益。比如，美联储的联邦基金利率目标会影响金融机构向借款人收取的费用以及流入经济的资金量，因此较低的联邦基金利率可能是美联储超发货币的信号。你还应该看看美联储是否为银行存放在美联储的钱（即银行的准备金）支付利息。如果美联储提高为此支付的利率，可能意味着美联储对于通货膨胀的担忧。

美联储买卖债券的操作也是显示美元走向的一个重要指标。美联储是继续买入债券并进一步扩大货币供给，还是通过卖出这些证券来收缩基础货币？答案可能会体现在美联储的资产负债表上。

读一读美联储的资产负债表。 美联储的资产负债情况会公布在其《统计数据发布》（也称为 H.4.1 报告）上，[12]

美联储每周四都会在 www.federalreserve.gov 上更新这些数据。报告汇总了流通中的货币总量，以及美联储持有的证券、黄金、外汇和其他资产。报告还包含美联储用来掩盖其扩大货币供给的逆回购的信息。只需把报告向后翻到"影响存款机构准备金余额的因素"这一部分，查看"逆回购协议"这一栏的数据。

如何获取货币供应信息。[13]美联储网站上发布的另一项名为"货币存量指标"（H.6）的报告提供了关于货币供应状况的更多细节，例如流通领域有多少货币，银行有多少存款准备金。

关于"M"的快速指南。货币供给的各种分类衡量标准被称为"M"。主要的分类标准有以下几种：

"M1"，包括最具流动性的货币形式：货币、旅行支票、活期存款、储蓄存款和其他可以开支票的存款。

下一个指标是"M2"，包含 M1 以及 10 万美元以下的定期存款、零售货币市场共同基金余额。

"M3"，包含 M2 以及大额定期存款、机构货币市场基金、短期回购协议和较大的流动资产。

就通货膨胀而言，最重要的是"M0"，也被称为基础货币，由流通中的货币和银行准备金组成。

另一个相关指标是货币流通速度。[14]它会告诉你货币使用的活跃程度。在恶性通货膨胀下，当人们争先恐后地抛售越来越不值钱的货币时，流通速度会迅速上升。当通胀率放缓甚至降至低点时，流通速度也会随之下降。你可以在圣路易斯联邦储备银行的网站上找到这些数据。

政府债务。当一个政府的财政出现动摇时，其货币的价值也会变得不稳定。美国的联邦债务负担是评估政府是否需要借钱及印钞的有用参考。联邦政府债务与GDP的比率是多少？政府要借多少钱才能支付债券利息？财政部、圣路易斯联邦储备银行以及其他一些网站都有相关的统计数据。

最后一块拼图是政府的支出计划。媒体对此多有报道。如果华盛顿官方要通过涉及数万亿美元的新支出计划，那么为了支持这项计划而超发的美元就很有可能导致其币值下跌。政治辩论的结果、政客们发表的声明、眼下的经济和政治环境都会产生影响。例如，当经济放缓时，美联储就面临更大的增发货币压力，以此来提振经济。

在国会预算办公室网站上的有关预测可以为新支出对政府财政可能产生的影响提供参考。虽然这些预测基于有争议的经济模型，这些数字和模型本身也都没有什么意义，但综合来看，它们勾勒出了未来几个月美元价值可能走向的图景。

我应该重新平衡一下我的投资组合吗

我们都应该重新思考如何投资。在日益危险的时代，这个问题迫在眉睫。传统观点认为，"平衡"的投资组合应该是 60% 的股票搭配 40% 的债券。60/40 的比例应该是实现风险和回报之间平衡的最佳配比。股票提供高风险性的收益增长，而债券则提供安全且低风险的固定收益，但通货膨胀颠覆了这一逻辑。

由于通货膨胀侵蚀了固定收益带来的回报，你应该尽量避免像债券或长期存款这类收益固定的投资。但这并不意味着你应该一头扎进股市之中。其他可以用来保值或增值的投资还包括以房地产为代表的硬资产和以黄金为代表的贵金属。

以下是一些指导原则，可以帮助你做出相对客观的决策。

股票：能够升值，但并不总是上涨

股票。 长期以来，股票一直被认为是"对冲通货膨胀的工具"。这在一定程度上是因为通货膨胀可能始于经济繁荣时期。某些行业中规模较大的参与者受益于政府新发行的货币；人们也因工资上涨增加消费；公司获得了更高的收入；货币贬值也减轻了长期债务带来的负担。在这种"非理性繁荣"的环境下，股票价格似乎可以永远上涨直上云霄。但这通常只是一种"金钱的错觉"。

请大家记住，价格不是真正的价值。仔细观察这些数字，你会发现情况有所不同。如果把通货膨胀考虑在内，经济、企业营收以及股票的实际价值并不像表面那样繁荣。在货币稳定后，股市通常会反弹，但这需要几年的时间。如何在此期间将损失降到最低呢？

大宗商品实物和大宗商品期货。 当货币贬值时，大宗商品价格通常会上涨。这就是为什么在通货膨胀时期，石油、小麦和贵金属通常被认为是货币保值的好选择。但除了贵金属，普通人直接购买石油等大宗商品并不容易。你必须有自己的储存设施，并为接收这些货物做好准备。

大宗商品期货也具有很强的投机性,并不适合经验不足的投资者。投资期货是危险的,因为你实际上是在负债,而且很容易陷入困境。此外,一些持有大宗商品期货的交易型开放式指数基金也已出现。但由于期货合约的短期性质,这些都有一定的风险。例如,90天后,你可能不得不以更高的价格购买一份关于玉米的新期货合约。换句话说,期货交易是不同于股票交易的。

大宗商品类股票。希望投资大宗商品以对冲通货膨胀的人,通常会通过购买大宗商品生产商的股票来实现这一目标。但这些股票不会给你带来与直接投资大宗商品本身相同的利润。例如,在1969—1980年之间,石油价格从每桶3美元上涨至近40美元,[15]而同时期石油巨头埃克森美孚的股价却几乎只翻了一番。[16]埃克森美孚的表现远远好于股市的整体表现,但与石油或黄金相比还是黯然失色。

另外值得注意的一点是,这些股票的大部分增长通常发生在早期。随着通货膨胀推高支出,股票价格上涨最终会放缓。现金充裕的管理层往往开始做出错误的资本配置决策。比如,埃克森美孚在1981年向微处理器生产商Zilog投资了近10亿美元。这与油田服务公司斯伦贝谢在

1979年收购了半导体制造商仙童的做法类似,但这两项投资都表现不佳。[17] Zilog 的一位高管多年后承认,该公司未能取代英特尔的一个原因便是埃克森美孚给了他们"太多的钱"。[18]

但凡事也有例外。金矿公司的表现就冲破了这种大宗商品类股票普遍规律的限制。与黄金相比,开采金矿的矿业公司近年来的表现相当糟糕。因此,那些向矿业公司提供融资服务的黄金特许公司便成为优质的投资对象。这些公司投资矿业公司或项目,以赚取一定比例的特许权使用费作为回报。它们的股价往往更能与黄金价格保持同步。长期来看,它们的表现要优于黄金,也胜过接受它们融资的矿业开采公司。这类公司中规模最大的是弗兰科-内华达公司。其他活跃在该领域的公司包括皇家黄金公司、沙暴黄金公司和奥西斯科黄金矿业公司。

基于大宗商品的交易所交易基金。如果你喜欢分散风险,另一种选择是交易所交易基金。它使你能够投资特定行业的一篮子公司。有些能源交易所交易基金包括一批石油和天然气生产商;其他交易所交易基金则专注于矿业和农业。

寻找高利润率的股票。 通货膨胀意味着你在选择个股时需要稍微改变一下思路。巴菲特曾指出:"公司财务报表中的收益不再是决定股东是否有真正收益的主要标准。"[19] 一家公司可能有极高的营收,但是否有足够的现金流来更新价格上涨的库存或设备呢?当生产成本上升时,利润率较低的公司更有可能陷入困境。在通货膨胀时期,这些数字可能不能完全反映出企业的实际盈亏状况。

个人投资者需要考虑一家公司应对通胀成本上升的能力。例如,可口可乐公司在20世纪70年代就表现得相对不错,因为它的产品基本只需要糖、水和一些调料。可口可乐品牌的实力也使该公司能够以很高的利润率出售自身的产品。

有多大的"定价权"? 其他需要牢记的问题包括:一家公司提高价格并将新增成本转嫁给消费者的难度有多大?这样的价格会受到规制吗?人们有多大可能性为这些产品支付更多的钱?那些拥有强大品牌、能够在不影响产品需求的前提下提高价格的公司,拥有帮助它们应对通货膨胀的"定价权"。

想想人们所依赖的消费品制造商。例如,食品或家用纸制品的生产商可以更容易地提高价格。但一家依靠借贷扩张的公司可能会遇到问题。一般来说，投资需要避开那些需要大量现金的公司。比如公用事业公司，它们需要在现代化厂房和设备上投入资金，但它们产品的价格会受到政府的监管。

高股息股票。支付可观股息的股票可以很好地取代回报不再可观的债券。标准普尔每年都会发布一份名单，列举"股息贵族"，[20] 即至少在过去 25 年里连续增加股息的标普股票。这些股票包括埃克森美孚和宝洁等股票。埃克森美孚支付的股息率为 5.71%；高乐氏的股息率为 2.41%；宝洁的股息率为 2.57%。这些都不是令人兴奋的成长型股票，但稳定的收入可以弥补潜力的不足。并且，它们已经存在了足够长的时间，安然度过了过去的危机。

综合考虑短期和长期。区别对待你的养老和非养老投资组合。前者需要长期投资，后者则可以多冒些风险。继续定期向你的养老账户缴费，这将受益于所谓的"平均成本法"。例如，按月向一个包含广泛对象且成本较低的指数基金投入固定金额，即使经济低迷也不要停下来，就将其当成你用固定的钱换来了更多的份额。因为市场通常会在你意想不到的时刻反弹,而你就会获得更多的收益作为回报。对于退休投资组合,我们建议坚持投资像标准普尔500等涵盖广泛股票的指数基金。最好远离需要积极管理的专业指数基金。

别忘了现金。这听起来可能有违直觉。你可能会担心现金的价值会被通胀侵蚀。但如果你的投资组合受到2008年金融危机时期那种市场严重下滑带来的打击该怎么办?这就是即使在通货膨胀时期,也需要在持有股票的同时保有现金储备的原因。你可能会有一些损失,但手头有现金以备不时之需,总比亏本卖出股票要好。

在这个零利率时期,现金似乎并不是保管资金的好方法。但利率最终会上升。请记住,在通货膨胀时期,利率上调十分常见。这会对股票和债券产生不利影响。但在"大通胀"时期的20世纪70年代,升高的利率让现金持有者收获了更多的利息。通货膨胀可能让股价走跌,持有现金则可以让你在股票便宜的时候买入它们。

你的非养老投资组合。你可以用此来尝试更高风险的投资对象。你的非退休账户可以存放大宗商品股票,以及在你看来可以像亚马逊和谷歌那样抵御通胀的成长型公司股票。别害怕!股市会受到冲击,但总会反弹。一个多世纪以来,股市的平均年回报率超过9%。[21] 2007—2009年的崩盘让股市损失了超过50%的市值。但到了2014年,股市就恢复过来了,从低点上涨了三倍左右。通货膨胀对股市来说可能十分糟糕,但却有可能是一个低价买进股票的好时机。

SPACs。一种非常流行的投资工具是"特殊目的收购公司",[22]即众所周知的SPACs。这是一种投资性工具,实际上是让一家公司无需进行正式的首次公开募股就可以上市。SPACs筹集资金收购他们认为有前途的公司。但你是在SPACs收购公司之前就投资了。换句话说,你是在投资给SPACs的经理们将会为你赢利的承诺。所以,即使投资不成功,这些经理也能获得丰厚的佣金。我们的建议是:做好功课,谨慎行事。

债券: 今非昔比

在20世纪70年代末的高利率时期,通过认购各州、地方政府和市政当局发行的债券是在通货膨胀面前获得稳定、免税收入的流行方式。但在利率被人为压低的时代，这种情况发生了变化。假设你买了一份利率为 2.4%的 30 年期国债，如果美联储最终决定加息，长期利率升至 4.8%，会发生什么呢？固定的利率让你手中债券的价值下降。你已经损失了大约一半的价值。在零利率环境下，即使是短期债券也无法提供足够的回报。

关于 TIPS 的一些建议。[23] 20 世纪 90 年代末，联邦政府试图通过创建国债通胀保值债券（TIPS）来缓解这种影响，以规避通胀。债券的本金——买入或卖出时的价值——每 6 个月会根据通货膨胀重新调整一次。例如，你以 1 000 美元的价格购买了利率为 1% 的 10 年期 TIPS。在此期间，年通货膨胀率平均为 7%。那么当债券到期兑付时，你将得到 2 000 美元的本金，而不是最初的 1 000 美元。TIPS 的利率是固定的。由于债券的本金根据通货膨胀进行了调整，支付给你的利息也会相应增加。TIPS 通常被推荐作为通货膨胀的对冲工具。但是现在通货膨胀保值债券的成本非常高，因此你需要遇到相当严重的通货膨胀才能让它们物有所值。

房地产：警示之语

在通货膨胀时期，房地产是一种受欢迎的"硬资产"投资。相较于股票、债券或黄金，一个家庭通常会在房产上投资更多。当货币贬值时，房子的价格便会水涨船高，而且它还有居住的实用性。但房地产也有其缺点。

20 世纪 70 年代，美国房价上涨了 148%，[24] 虽远远低于黄金或石油，但仍是一个巨大的涨幅。在大滞胀期间，一栋在 1968 年只需 4 万美元的郊区房屋在 10 年后涨到了 15 万美元。购买这些房屋的业主当初只借了 3 万美元。现在他们拥有了房屋的所有权。在那段时间，这对于许多郊区居民来说是一次大灌篮式的收获。

将房地产作为抗通胀投资的另一个好处是，随着币值下跌，固定数额的长期抵押贷款负担会随着时间的推移而减轻。通货膨胀推动上涨的工资可能会使这些抵押贷款看起来微不足道。过去 70 年最大的三次住宅建设热潮都发生在美国脱离金本位制后的通胀时期：1973 年、1979 年和 21 世纪初的房地产泡沫期间。[25]

"稳赚不赔"的投资可能适得其反。尽管如此，你还必须权衡一些非常现实的风险。不要买超过你眼下收入和支付能力的房子。还记得那些在 21 世纪初投资房地产的人吗？他们在美联储提高利率后发现自己资不抵债，再也无力承担那些抵押贷款了。

另一个要考虑的因素是房子极高的维护成本。房主需要经常为维护房屋买单。显然，房地产和股票是截然不同的两类资产。你可以把它想象成一种昂贵的消费品。它有升值的可能性，但不能保证会升值。

一次很好的"再融资"机会。但今天的低利率环境可能是一个降低你现有抵押贷款利率的机会。由于利率在未来更有可能上升，你需要努力争取一个固定利率，并确保你所签署的协议允许你以后能够再融资。

买房再出租怎么样？当房东可从来都不容易。但如果你一心想买出租房做生意，那就一定要确保你能通过上涨租金将增长的生活成本转嫁出去。不幸的是，在通货膨胀时期，租金管制十分常见。这将对房地产造成灾难性的影响。人们普遍怀疑，在 20 世纪 70 年代的"大通胀"噩梦中，纽约的房东们对无力收回成本感到绝望，烧毁了不赚钱的建筑,将整个布朗克斯地区①变成一个战场。[26]

投资房地产的一种更简单的方式。 你也可以投资房地产投资信托基金(REITs)。这些信托公司掌管着能够创收的真实不动产。根据相关法律,这些不动产产生利润的90%都必须分配给股东。

但 REITs 的缺点是其负债率很高。如果房地产价值或租金收入下降,这类投资就可能会出现波动。但反过来讲,如果通货膨胀减少了债务负担,其高负债率也会变成优势。在 2000 年,REITs 的收益率极具吸引力,一度接近 8%。[27] 但自那以后形势大变,REITs 最近的平均收益率在 2%~3% 之间徘徊。[28]

购买由 REITs 组成的交易开放式指数基金(ETF)股票也未尝不可。[29] 广受欢迎的多元化 REITs ETF 包括 Vanguard Real Estate ETF(VNQ)和 iShares Global REIT ETF(REET)。

REITs 有不同的种类。木材类 REITs 的收益与采伐木材的获利情况相关。[30] 这相当于一种农产品,但也与住宅建设有关。以下三家在木材类 REITs 领跑的公司可作为投资选

---

① 纽约市的一个区域。——译者注

择，它们是惠好公司（WY）、雷欧尼尔公司（RYN）和波特拉奇公司（PCH）。目前也已经出现了一些有关农田租赁的REITs。长期来看，农地租赁的利润会反映出农产品价格的变化。这一类别产品代表着一种涉猎农产品的有趣方式，并且其规模在未来可能还会扩大。美国农田类REITs包括Glad-stone Land（LAND）和Farmland Partners（FPI）。[31]

商业地产怎么样？写字楼、购物中心和仓库是另一种投资类别。为此再次进行详细的调查分析是至关重要的。正如我们之前所指出的，硬资产传统上是很好的通货膨胀对冲工具，但并非所有硬资产都是一样的。例如，在纽约和旧金山等城市，商业办公空间似乎严重供过于求；许多购物中心也受到了网购发展的冲击。相比之下，蓬勃发展的在线市场增加了对仓库的需求，这正是亚马逊和沃尔玛等公司所需要的。

黄金和其他贵金属

一提到拥有黄金，人们就会联想到米达斯国王[①]坐在宝

---

① 希腊神话人物中能"点石成金"的国王。——译者注

座上，旁边摆着一箱金币。与其说是投资，不如称黄金是对冲通货膨胀的工具。这就是为什么黄金在投资组合中所占的比例不应超过10%。黄金的价格可能会上涨，但它的实际价值并不会像亚马逊或苹果的股票那样升值。

正常情况下，投资金条并不会有令人兴奋的回报。黄金不支付股息，也没有现金流。黄金的主要特征和最大优势是稳定。然而，在美元贬值期间，黄金价格会大幅上涨。

将一小部分资金投入黄金是对美元走弱的一种对冲。例如，在20世纪60年代末大通胀时期揭幕时，黄金的价格是每盎司35美元，[32]而黄金最近的价格已经达到每盎司1 800美元左右。这证明从那时起，美元的价值已经下跌了98%左右。换句话说，当美元贬值时，黄金会保持其价值不变。

如何购买黄金？像Apmex或SD Bullion这样的线上零售商会提供买卖金币和金条的服务。如果你真的要购买黄金，就需要密切关注它的走向，就像做任何其他投资一样。在通货膨胀期结束、货币价值趋稳的时候，即使消费者价格指数仍在上升，投资黄金也并不明智。1982年夏天，随着美联储成功遏制了通胀，黄金价格从每盎司接近800美元的高位暴跌至不到300美元。在接下来的20年里，金价基本保持在每盎司 350～400 美元。在某种程度上，卖出黄金以买入其他资产会更有意义。因为当通货膨胀期结束时，股票等其他资产可能会变得便宜。

你可以把黄金看作一种特别可靠的现金。它的确也在几个世纪以来一直扮演着这样的角色。但与其咬定黄金不放，不如用这些现金购买一些非常实惠的生产性资产。

白银。白银曾一度保持着对黄金的稳定价值。自 19 世纪末的很长一段时间，大约 16 盎司白银就相当于 1 盎司黄金。[33] 但黄金如今仍是一种货币，而白银已成为一种工业金属和投机工具。目前需要 70 多盎司的白银才能换到 1 盎司的黄金。[34] 不过，在某些情况下，它还是可以作为对冲通胀的工具。例如，在白银相对黄金的价值跌至历史低点时就是购入白银的最好时机，就像 2020 年那样。[35] 白银仍然保留着一些模糊的货币特征，并且与大多数商品不同的是，你可以很容易地直接拥有它并将其存储在保险库中。它也不会腐烂或生锈。但如果黄金的价格趋稳且难以再发生变动，投资白银就不理智了。

贵金属 ETFs。黄金和白银都可以通过那些在金库中存有贵金属的 ETFs 购买。不幸的是，那些火爆的 ETFs 是否真的持有它们所暗示的贵金属仍然存有争议。你应该研究一下哪些 ETFs 是最值得信赖和可靠的。

其他有形资产。在通货膨胀期间，一个经常被吹捧的投资领域是所谓的"另类投资"。该投资包括有形资产，如艺术品、邮票、古董和其他收藏品，还包括这一类别中出现的新条目——NFT（非同质化通证）。这种被格莱姆斯等名人发起的数字藏品风靡一时。它基于区块链的数字资产授予所有者特定财产的权利，如艺术品或房地产。

但这些另类投资也有弊端。把你的钱放在这些地方要冒很大风险。艺术和古董的价值可能取决于变幻无常的大众品位。你要时刻牢记，这些东西并不总是容易变现。目前一些 NFT 的价格已经达到了天文数字。这些藏品高昂的价格也是对通货膨胀所致的"买光一切"狂热行为的反映。

加密货币怎么样

比特币、以太币、狗狗币等加密货币已经成为传统货币的替代品。

它们公开的支持者包括埃隆·马斯克等技术先锋，[36]

马斯克的特斯拉[37]，还有贝宝等公司已经尝试接受加密货币作为支付方式。[38]加密货币的粉丝们都在关注萨尔瓦多将比特币合法化的实验进展如何。[39]但到目前为止，大多数人并没有将加密货币用于日常商业用途。这是因为，虽然加密货币可能在某些应用中发挥支付系统的作用，但它们中的绝大多数至少目前还不是可靠的货币。

我们在前文已经论述过，金钱从根本上来说是一种衡量工具，就像测时间的时钟或称重量的秤一样。为了能够像其他工具一样发挥作用，加密货币必须被视为具有稳定的价值属性。但大多数加密货币目前并非如此。加密货币的发明可能是为了替代不健全的货币，但眼下它们的波动性反而更大。比特币的价值曾在一天之内下降了一半。[40]

的确，许多投资于过山车般波动的加密货币的人都获得了不错的回报。但在非通胀环境下，加密货币价格很可能会像20世纪80年代初克服通胀时的油价那样暴跌。加密货币这项创新蕴含巨大潜力，但在真正成为稳健货币之前，投资它们基本上只是一种赌博。它们的价格可能会上涨，也可能会下跌，就像足球场上的一脚远射。即便如此，它们也并不能真正替代股票和债券。

最近出现了一类名为"稳定币"的新型加密货币。[41]

它们与特定的商品挂钩,如美元、黄金或一篮子商品。这些加密货币的投资潜力通常部分地反映了它们所关联的资产。最著名的一种稳定币是泰达币。与比特币相比,其优势在于它与相对稳定的美元挂钩。这种数字货币的相对稳定性可能是推动它的发行量在 2021 年增长两倍多的原因。

随着稳定币的成功,人们也开始担忧这些加密货币可能名不副实。[42] 比如,泰达币一直被批评没有足够的美元储备作为支撑。这个问题亟待解决。泰达币和其他稳定币应该由有信誉的第三方托管的资产进行担保,并易于验证,也就是说必须要有透明度。如果稳定币可以被相信是真正稳定的,那么更多的人就会开始使用它们。它们才可能与美元等法定货币展开竞争,成为像黄金一样对冲通货膨胀的工具。

通货膨胀结束后该怎么办

通货膨胀会结束的。20 世纪 70 年代,人们认为价格上涨将永远持续下去。直到沃尔克稳定了美元,货币才停止了贬值。

该如何知道通货膨胀是否结束?如果金价下跌或在一段时间内保持稳定,可能就意味着美元开始企稳。但关键问题是这种稳定能持续多久?这取决于政治环境。决策者们终于意识到需要稳定的美元了吗？但在一段稳定时期之后，又一轮货币贬值可能会出现，正如我们在 21 世纪初所经历的那样。

如果情况看起来正朝着正确的方向发展，货币趋稳，你需要重新考虑你的投资组合了。你在通胀时期所做的大宗商品相关投资可能会停止上涨，甚至崩盘。

当沃尔克结束"大滞胀"后，一场痛苦的通缩随之而来。油价从 1980 年的每桶 37 美元暴跌至 1986 年的每桶 14 美元左右。[43] 1980 年里根当选总统时，黄金价格约为每盎司 650 美元。沃尔克的行动使金价跌至每盎司 300 美元的低点。[44] 在那些年里，任何坚持投资石油或黄金的人都遭受了严重损失。

通货膨胀结束时，投资者就应该卖出大宗商品投资了。金矿类股票可能已经达到高点，应该被抛售。过度投资导致供过于求，也会导致其他大宗商品生产商在一段时间内表现萎靡。此时，卖出黄金并买进债券或现金也比较明智，因为这些债券或现金的价值已经趋稳，并可能进一步上涨。

与此同时，通货膨胀的结束也带来了新机遇。即使在货币停止下跌后，物价水平也可能在之后的几年里继续上涨。这种"通胀顺风"引起的价格上涨，可能无法完全传递稳定的货币所带来的真实价值增长。事实上,这是一种反向的"货币幻觉"。在这种情况下,你可以在债券和股票上获得盈利。

再看看金融股。当一个国家摆脱严重的通货膨胀时,银行的业绩往往会表现得最好。这是因为人们通常在货币贬值时倾向于减少存款。但随着经济复苏,现金短缺的个人和公司可能会迫切需要借钱。利率便会水涨船高。银行的收益率可能达到三位数。这在20世纪90年代恶性通货膨胀后的东欧地区特别常见。

投资者还应该意识到,通货膨胀的出现可能给企业带来新的挑战。前文解释过,通货膨胀对债务人是一件好事。然而,稳健的货币便意味着债务不能再被通货膨胀所抵消。如果高利率持续存在,还款可能会变得更加困难。正如通货膨胀时期破产数量减少一样,当通货膨胀结束时,由于企业试图重组债务,破产数量可能反而激增。例如,在20世纪80年代的美国,通胀结束带来了经济繁荣,但农业和能源等行业在复苏之前还是经历了痛苦的收缩。

通货膨胀给经济带来的一线希望

好消息是，通货膨胀的结束在过去意味着回归亲市场的政策。稳定货币的过程通常会采取降低税收和减少监管这种有利于经济发展的改革。20 世纪 50 年代初的日本和德国就是如此。路德维希·埃哈德、池田勇人和约瑟夫·道奇等人带来了较低的税收和稳定的货币改革，从而结束了这两个国家战后的恶性通货膨胀。1950—1970 年间，以美元计算的日本 GDP 增长了 16 倍。日本的年均名义 GDP 增长率更是高达 14.9%。[45]

在美国和英国，20 世纪 70 年代和 80 年代初的"大滞胀"过后，里根和撒切尔夫人相继进行了税收和监管改革。世界各国领导人纷纷效仿。甚至苏联也开始进行自由市场改革。但苏联的改革规模太小，效果也不够好，无法防止其在 1991 年的解体。[46]

20 世纪 90 年代东欧的恶性通胀灾难导致了一段时期的货币稳定。"单一税"所得税制度被世界上二十多个政府所采用，也带来了令人难以置信的经济增长。[47] 这些国家的名义 GDP 年增长率达到 20% 以上，[48] 货币币值也同时保持稳定。这些后通胀改革带来了令人惊叹的牛市。

第六章

前进的道路

第六章 前进的道路

在本书的开头,我们讲述了津巴布韦 100 万亿面值钞票的故事。这是过度恶性通货膨胀的象征。长期以来,"津巴布韦元"一直被视为一种让人好奇的货币。谁能想象这个国家会发生如此疯狂的事情呢?让我们再思考一下。

不断扩大的联邦债务让联邦政府对美元的需求急剧扩大。以至于在 2021 年,一些经济学家提出了铸造 1 万亿美元面值的硬币,并将其存入美联储以帮助政府支付账单的想法。[1]

图 6.1 一些现代货币理论提倡者提出的"1 万亿美元面值的硬币"

发行 1 万亿美元面值的硬币的提议遭到了否决，甚至受到了嘲笑。没人问"我们是津巴布韦吗？"尽管如此，通货膨胀前景确实阴云密布，其中包括华盛顿官方的现行政策。这些政策正在减缓经济从新冠肺炎疫情中复苏的速度。税收、监管和不必要的支出给经济增长设置了障碍。这让联邦政府背负着不断增加的借贷和印钞需求。最近美国与中国和俄罗斯的紧张关系，以及中东地区的紧张局势，也增加了爆发新冲突的可能性。全球经济和金融体系也因此受到潜在冲突的威胁。

2021 年底，美联储主席杰罗姆·鲍威尔宣布，他将略微加快缩减"量化宽松"的进程，即减少美联储的债券购入与货币发行，以应对出人意料的高通胀。但考虑到美联储近年来的过度行为，这可能为时已晚。而且，谁知道新冠肺炎病毒及其各种变种会把美国国内政治带往何方？极端左翼正在向美联储施压，要求美联储采纳现代货币理论的社会主义式幻想，并扩大其职权，以解决"气候变化"等问题。[2] 这正导致美联储进一步偏离其保护美元稳定性的最初使命。

所有这些事态发展都不是结束通货膨胀的好兆头。抑制通货膨胀浪潮的人为障碍也层出不穷。我们之前提到过，国际银行监管提高了银行必须持有的准备金数量。这阻止了美联储在过去几年里大举印钞，使其没有压倒经济。对银行贷款持续操作已达成的逆回购，也至少在纸面上帮助缓解了货币供应量的膨胀。观察人士担心这些防线迟早会被攻破，从而导致通货膨胀泛滥。

但前途并非一片惨淡。20世纪70年代的"大通胀"卷土重来并非不可避免。事实上，最近的事件很有可能被证明是一个转折点——一个开启关于通过回归稳定货币和金本位来结束通货膨胀的讨论的机会。

与21世纪不同，20世纪70年代并没有互联网或有线电视。人们无法通过无休止的讨论和辩论来深入研究一个主题。那时候，人们还没有手机以接收持续不断的突发新闻。他们不会受到重大新闻的全天候轰炸。如今，美国人能够不断收到汽油和食品价格上涨以及消费者价格指数创纪录增长的最新消息。他们能够以40年前无法做到的方式来处理这些信息。从前对此并不关心的人正在听到这样的警告：当前危险的政府支出水平与不断上涨的物价之间存在联系，而正是高涨的物价一直在侵蚀着他们的工资。挣扎着偿还学生贷款的年轻人发现，他们的工资被通胀所吞噬。这样联邦政府就可以继续印钞和使用零利率的免费货币。他们对此大光其火。

其他事情也在起变化。社交媒体的兴起和最近的新冠肺炎疫情让人们对政府官员的判断产生了怀疑。政府官员们的推文和前后不一的声明表明，他们和我们一样都是人，也会犯错误。用《新闻周刊》的话来说，新冠肺炎疫情的经历"对美国统治阶级的公信力造成了不可挽回的打击"。[3]这不仅针对公共卫生官员，也指向美联储官员。随着消费者价格指数的持续上涨，越来越多的人会看穿他们不透明的价格上涨理由，并得出他们根本靠不住的结论。

担心左翼势力崛起的美国人可能也会质疑美联储，因为它对货币和利率的操纵极其接近苏联式的中央计划经济。一小撮银行业官僚怎么能妄自尊大地制定货币政策呢？这可会对拥有3.3亿人口的美国的经济活动造成直接影响。[4]

还有其他积极因素。其中之一是政策制定者和凯恩斯主义者难以把握的核心真理：政府可能会让货币贬值，但人们本能地寻求货币稳定。请记住，这就是货币最初被发明的原因：提供一种值得信赖的、不变的价值单位。正是出于对稳定的需要，欧洲国家才在美国放弃金本位制之后建立了欧元体系，以此躲避浮动的法定货币。这也是为什么瑞士法郎在全球市场上广受欢迎。英格兰银行和年轻的美国在几个世纪前将货币与黄金挂钩，结束了通货膨胀，推动了爆炸式的经济繁荣，从而改变了世界。

那么，我们如何才能恢复理性的货币政策，恢复健康的低通货膨胀经济呢？第一步就是提高人们对稳健货币原则的认识。本书的以下要点可能会有所帮助。

1. 当美元不再被视为可靠的价值单位时，货币就会贬值，随之就会出现通货膨胀。 当不再相信时钟能准确报时时，我们就会把它丢掉，或者扔掉一个称不准的秤。这个道理同样适用于货币。如果一种货币不再可靠，或者其供应量的增长超出了合理需求，人们就会对这种货币失去信心。随着需求减少，货币也就失去了价值。通货膨胀就会发生。

2. 金价上涨意味着美元贬值。 黄金是世界上最稳定的大宗商品。因此，金价上涨便意味着需要更多美元来购买黄金。也就是说，美元贬值了。黄金的稳定价值使其成为衡量美元或其他货币价值的最佳晴雨表。怀疑论者通常声称，我们不能回到金本位是因为黄金价格并不稳定。事实远非如此。如果美元是稳定的，黄金价格就不会波动了。

3. 通货膨胀有两种类型。一种是对市场状况的反应，通常是暂时的。另一种则要危险得多，源自政府或央行让货币贬值。因政府管理不善（如新冠肺炎疫情导致供应链中断）所造成的非货币性通货膨胀会令人痛苦。但这种影响通常仅限于特定的经济部门，并且当问题得到解决时，价格就会放松。但当政府和中央银行贬值一种货币时，所产生的货币通货膨胀将造成极大的破坏。货币通货膨胀会侵蚀财富、扭曲市场，以及败坏社会行为。只需2%或更高的通胀率就会导致这些。你可能会说货币通胀是一场"人为"灾难，造成了几个世纪以来的经济和社会破坏，导致了从罗马帝国灭亡到2006年次级抵押贷款市场崩溃的一系列惨剧。不幸的是，人们认为货币是稳定的这种自然倾向所产生的货币幻觉，会让包括经济学家在内的许多人混淆这两种类型的通货膨胀。价格上涨被误认为源自供需变化，但实际上它们是由美联储创造的过多"宽松货币"造成的扭曲。这种误解就是为什么货币通货膨胀即使是在较低水平，也会导致非自然的活动和人为的市场过热。所谓的"泡沫"也会最终破裂。

4. 价格上涨是货币通货膨胀的结果，而不是原因。回想一下你记忆中的墨西哥假期。自从你上次来访后,那些价格飙升的纪念品并没有突然变得更值钱。原因在于现在 1 美元兑 20 比索,而 30 年前 1 美元兑 3 比索。不断缩水的比索是罪魁祸首。同理,我们可以通过与黄金进行比较来判断美元是否贬值。大多数所谓的通货膨胀解决方案都失败了,因为它们犯的错误是试图人为控制价格,而没有找到真正的原因,即货币贬值。

5. 任何国家,包括美国,都无法通过通货膨胀实现繁荣。中央银行有意制造"轻微通货膨胀"的政策并不能创造财富。可能会出现一轮经济爆发,但这种人为的繁荣最终还是会消退。通货膨胀带来的扭曲价格会摧毁储蓄、腐蚀市场。投资会被错误地从促进增长和创造就业的风险投资引导向财富保值和避税,经济开始放缓,长期的结果便是工作岗位减少和财富流失。如果美国现在的经济增长率与 20 世纪五六十年代一样(当时美元与黄金挂钩),人均收入将增加 72%。[5] 美国人的消费能力也将增强。经济规模至少会扩大 50%。[6]

6. 温和的通货膨胀源于短期的"刺激";恶性通货膨胀源自政府定期印钞来支付其开支。温和的通货膨胀和全面恶性通货膨胀之间的区别不仅仅是幅度的问题。温和的通货膨胀通常是短期事件的结果，如有限的凯恩斯主义"刺激"或为战争买单的需要；而恶性通货膨胀发生在政府定期印钞为自身提供财政支持时。魏玛共和国的恶性通货膨胀就说明了这一点。1922年，魏玛共和国全国政府总支出的63%是由印钞机提供资金的。关闭印钞机将意味着一夜之间关闭63%的政府。如今，像委内瑞拉和阿根廷这样的超级通货膨胀国也经常使用增印货币来支付政府账单。相比之下，美元自1970年以来的贬值，在很大程度上是由于美联储针对经济状况采取的"宽松货币政策"。美国还没有开始通过大规模印钞直接融资。不幸的是，情况可能正在发生改变。支持现任政府的现代货币理论认为，美联储可以通过简单地增印货币来支持政府福利项目。这是堕入恶性通货膨胀的罪魁祸首。

7. 货币贬值最终会使社会败坏。货币是作为一种双方都认可的价值单位而发明的。它促进了陌生人之间的信任，使陌生人之间的交易成为可能。当人们用稳健的货币进行交易时，双方都知道自己从交易中得到了什么。但是当货币贬值时，这种信任就会被破坏甚至被摧毁。货币贬值会侵蚀储蓄及固定的工资收入，而有钱人和有权势的人则可以从中大发横财。因此，通货膨胀加剧了不平等，使人们的不满情绪日益高涨。因此，哲学家约翰·洛克称通货膨胀为"公众正义的失败"。[7] 最严重的通货膨胀会导致社会崩溃。迭起的犯罪、腐败和社会动荡会导致政治极端主义和独裁者的崛起。从罗马的灭亡到为希特勒的崛起奠定基础的魏玛共和国大通胀，货币贬值几乎在每一次剧烈的"大混乱"中都发挥了作用。

8. **政府支出不是给你的孩子制造债务，而是在当下制造通货膨胀**。我们经常听到善意的警告，说政府的债务"将由下一代来偿还"。但现实情况是，美国人几乎马上就在为通货膨胀带来的更高物价买单了。请记住，通货膨胀是一种隐形税。正如凯恩斯著名的观点所说，它允许政府在不被察觉的情况下没收公民的财富，直到人们意识到他们的钱不再像以前那么值钱。[8]

9. **稳健的货币意味着"无通货膨胀"，而不是"稳定的物价"**。凯恩斯主义者坚持认为，美联储需要确保"物价稳定"。这种想法是异想天开。即使在通货膨胀很低或根本没有通货膨胀的时期，也不存在物价稳定这回事。价格是市场传递供需信息的系统。在一个健康的经济中，它们总是起伏不定的。更高的价格以及更高的利润预期，为制造商提供了增加产量的动力。商品最终会变得更实惠。刚推出时售价数千美元的手机现在只需不到 50 美元就能买到。在 19 世纪金本位时期，工业化和更高的生产效率导致从钢铁到煤油等产品的成本大幅下降。与此同时，美国人变得更加富裕，工资也随之上涨。到了 1913 年，这种非货币性的工资"膨胀"和商品"通货紧缩"使得美国成为世界上最富有的国家。物价在任何时候都不"稳定"，但美元的价值是保持稳定的。

10. 结束通货膨胀和刺激经济增长的最好方法，是回归以黄金为基础的稳健美元。

金本位制只是简单地将美元与黄金挂钩，就像今天数十个国家将本国货币与美元或欧元挂钩一样。近两个世纪以来，美国一直依赖稳健的美元，并因此成为历史上最富有的国家。我们要牢记，金钱首先是价值的衡量标准。我们不应该操纵美元的价值，就像我们不应该让尺子上的刻度移动一样。但我们已经这么做了，并带来了灾难性的后果。

在过去的 50 多年里，美联储的货币政策和浮动的法定美元导致了经济增长放缓和更加频繁的经济危机。根据一项研究成果，与布雷顿森林体系和古典金本位制时期相比，20世纪70年代初以来经济危机发生的频率翻了一番。[9]这项研究还是在2008年金融危机之前开展的。

有了金本位制，就不会有通货膨胀！金本位制仅仅意味着货币具有固定的价值，并能够实现其作为可信价值单位的预设功能。稳定的货币和通货膨胀的消失将意味着更多的投资和快速增长的经济。在19世纪末古典金本位制时代，当美国、大部分欧洲国家以及日本将本国货币与黄金挂钩时，创造出的财富比前几个世纪的总和还要多。[10]在20世纪20年代的大部分时间，以及20世纪60年代美元与黄金挂钩的10年里，美国堪称"充分就业"（失业率低于5%）。[11]

与许多人的想法相反，维持金本位制并不一定需要大量的黄金供应。该系统可在一年内逐步投入使用，随后就会迎来经济腾飞！美国人今天正在谴责"取消文化"的出现，因为它前所未有地压制了不受欢迎的想法。遗憾的是，这种片面性在华盛顿官方并不是什么新鲜事。它排除了任何关于回归货币原则的想法。但正是这些原则通过与黄金挂钩的稳定货币实现了美国的传奇式繁荣。美国正在通过不断上涨的物价和不断贬值的美元来为此买单。

是时候重启这场辩论了。

致　谢

我们要特别感谢罗杰·金博尔,他是 Encounter Books 出版社和 *The New Criterion* 杂志的出版人,很有先见之明,早在通货膨胀成为头条新闻之前,就看到了出版一本关于通货膨胀的书的可能性。还要感谢他出色的团队:制作总监阿曼达·德·马托和经理玛丽·斯宾塞按计划顺利地推进了工作;文案编辑贾斯汀·布坎南打磨了最后的手稿;营销总监萨姆·施奈德和宣传总监劳伦·米克洛斯提高了人们对这本书的认识;诺拉·塔利和瑞秋·威廉姆森提供了必要的法律和行政支持。

我们还要感谢杰出的伊丽莎白·达芬的卓越研究,感谢 ILM Design 公司的米奇·萨巴特拉设计了信息图,感谢阿纳利塞·普松和德尔罗伊·泰特提供的生产服务,也感谢其他在不同方面为本书提供帮助的人：马克·斯科森、拉里·里德、希瑟·麦克唐纳和德罗伊·默多克。

本书感谢刘易斯·勒曼、阿特·拉弗、拉里·库德洛、史蒂夫·汉克、布莱恩·多米特罗维奇、赛斯·利普斯基、阿米蒂·什莱斯、吉姆·格兰特、拉尔夫·本科、史蒂夫·摩尔、约翰·方德、约翰·塔姆尼和乔治·吉尔德，他们的工作鼓舞了我们，加深了我们对经济学和货币的理解。

史蒂夫想向福布斯的同事们表达他的感激之情，梅瑞尔·沃恩、杰基·德玛利亚、埃米拉·琼巴拉杰和苏·拉德勒提供了关键的编辑和后勤帮助。他还感谢比尔·达·科尔提供的诸多宝贵建议。他深深地感谢家人的支持，特别是在研究和实践层面提供帮助的女儿萨比娜；凯瑟琳则是帮助他克服新冠肺炎疫情困难，实现高效工作的重要帮手。还有莫伊拉，她提供了应对各种挑战的深刻见解。

内森想要感谢支持他工作的个人和机构，其中包括：发现研究所（The Discovery Institute）、詹姆斯·特克、肖恩·菲勒和美国原则项目（American Principles Project）、福布斯媒体、卡托研究所、传统基金会、安迪森·维金和

Agora 出版公司、美国经济研究所和纽约证券分析师协会。

最后，除了感谢上面提到的个人及机构，伊丽莎白还要感谢好朋友劳拉和加里·雅各布斯、克里斯汀·克里格、克拉拉·德尔·维拉尔、伊丽莎白和杰克·科尔曼、贝蒂·卡米萨和塞尔泽家族，感谢他们的宝贵建议和鼓励。

译后记

作为近来的热门话题，通货膨胀与我们每个人都息息相关，也是很多人想了解的内容。《通胀陷阱》作为一本普及性读物则让读者从历史的视角来看待通胀问题并提出了解决方案。本书解释了四十多年来最严重的通货膨胀风暴——这场风暴占据了新闻头条并动摇了美国人的钱包——背后的原因。新冠疫情大流行以来生活成本的激增，引发了人们对1970年代式的"大通胀"可能卷土重来的担忧。一些观察家甚至担心会陷入魏玛式的恶性通货膨胀，而这种恶性通货膨胀曾使许多国家分崩离析。这是真的吗？如果是这样，应该怎么办？我们应该如何为未来做准备？本书正是围绕这些问题逐一展开分析。特别值得一提的是三位重磅的作者：史蒂夫·福布斯是福布斯传媒集团的董事长；内森·刘易斯是货币政策和经济史方面的专家；伊丽莎白·埃姆斯则是一位著名的评论员和作家。本书在引人入胜的讨论中回答了上述问题。

大多数经济学家（以及几乎所有其他人）将通货膨胀等同于物价水平的普遍上涨——用CPI或其他一些广泛的价格指数来衡量。作者认为这个定义是不充分的，他们认为CPI低估了消费者价格的真正上涨幅度，尽管经济学家普遍认为它高估了生活成本的上涨。在评估通货膨胀时，我们应该将1美元的价值与什么进行比较？经济学家关注各种指标，他们将美元与CPI、大宗商品价格、欧元或英镑等其他主要货币进行比较，或使用其他指标。但到目前为止，"最好的还是黄金"。

为什么会是黄金呢？作者认为，黄金长期以来一直被用来衡量货币价值，因为它的内在价值在整个历史上基本保持不变。用黄金制成的东西，如珠宝，通常被认为是奢侈品——这意味着它们的需求随着收入的增加而强劲增长。由于黄金的供应相当缺乏弹性，这意味着它的价格——人们赋予它的价值，通常会随着全球收入增加而上涨。根据经济史学家戴维·杰克斯的计算，自1900年以来黄金的实际价格上涨速度超过任何其他商品。杰克斯发现，虽然大多数商品的实际价格自 1900 年以来已经下降，但少数商品的价格涨幅超过了 CPI——黄金价格上涨最快，石油紧随其后。如果黄金的"内在价值在整个历史上基本保持不变"，为什么与其他商品相比，它的价格变化如此之大（上涨这么多）？谈论黄金的"内在"价值而不是诸如牛肉、大米、钢铁、白银或杰克斯研究中的任何其他商品的内在价值有意义吗？鉴于作者承认全球已开采了约 70 亿盎司黄金，因此关注黄金的理由似乎特别薄弱。全球约有 80 亿人口，因此人均黄金不足 1 盎司。大多数人没有或拥有很少的黄金（也许是结婚戒指），那么为什么黄金会成为衡量金钱价值的基准，而不是每天实际花钱的价格？

书中"为什么通货膨胀是不好的"这一章则借鉴了 1970 年代的经验。那时的资本利得的实际税率很容易超过 100%——因为投资者的资产名义价值可能上升（触发税收），但在通货膨胀调整后实则下降。即使亏损也可能会被征税的实情增加了对于投资的伤害。根据本书引用的一项预估数据，"如果你在 1970 年购买了一只标准普尔 500 指数基金，并在 1988 年出售了它，那么由于那段时间的通货膨胀，你投资的实际资本利得税税率将是 338%"，这种税率严重扭曲了投资并阻碍了经济增长。然而,当作者认为1970年代开始的经济增长缓慢的原因是随后的通货膨胀上升时,他们就把事情推得太远了。"在1950—1970年的金本位制时期,美国实际人均GDP以2.77%的年增长率增长。但在过去的50年里,随着法定美元的缓慢贬值,这一增速已大幅回落至1.71%。如果我们没有通货膨胀呢?答案是我们会变得更加富有。如果美国今天的增长率与其在20世纪五六十年代的增长率相同,人均收入将高出72%"。这段话忽略了美国在20世纪五六十年代持续通货膨胀的事实。根据美国劳工统计局计算,从1950年1月到1970年1月,物价上涨了61%。相比之下,从1995年1月到2015年1月,物价涨幅略低于此——约55%。显然,在目前的法定标准下,低通胀——低至布雷顿森林体系下的水平,是有可能的。此外,经济增长放缓的原因是多方面的——技术进步速度放缓几乎排在首位,很少有经济学家会把通货膨胀列为1970年以来增长放缓的主要原因。作者则认为从16世纪英国的女巫审判一直到近年来政治两极分化的加剧,几乎所有可以想象到的历史性大变动背后都有通胀的身影。

如何阻止通货膨胀呢?作者成功地批评了价格控制等

创可贴式的解决方案,并有效地解释了货币委员会的可靠记录——将发展中国家的货币与美元或欧元等更稳定的货币挂钩。然而,正如他们所看到的,"结束当前通胀的最佳方式"是金本位制度——这一举措"完全有可能,而且比许多人想象的要容易得多"。如果这样做,美联储将失去其"双重使命"和用宽松货币政策解决失业问题的任务。2008年的一项调查询问了美国经济学会的成员,他们是否同意"美国应该回归金本位制"。在134名受访者中,90%的人不同意这个想法(69%的人强烈反对),6%的人持中立态度,只有4%的人赞同这个想法。尽管如此,本书的优势在于驳斥了对金本位制历史表现的普遍批评。但作者在反驳金本位导致大萧条的批评方面我认为是没有说服力的,主要是因为他们对这个问题的文献只触及皮毛。他们断言,大萧条的真正原因是《斯姆特-霍利关税法案》。虽然大多数经济史学家认为这种关税的确加剧了大萧条,但几乎没有人将其视为主要原因。

该书以通货膨胀时期的投资建议作为结尾,如果作者对历史的解读是正确的——"通货膨胀的结束在过去意味着回归亲市场的政策",那么未来也许就会像罗纳德·里根和玛格丽特·撒切尔领导下的美国和英国那样推行了自由市场改革。总体看来，本书对于回顾通货膨胀历史以及金本位制是较为成功的，而提出的解决方法还值得商榷，但作者至少经过思考提出了自己的思路，可以对我们研究抑制通货膨胀的路径提供一定的启发。我想从这个意义上来看，本书是值得阅读的。

最后回到翻译本身，接到本书翻译任务时我刚好在外出学习期间，与平时繁忙的工作节奏和环境相比，校园生活是安静平和的。并且由于疫情原因，学校是封闭式管理，所以进行翻译工作就有了很好的便利性条件。翻译可以说是一种"古之学者为己"的体验。翻译述而不作，更要耐得住寂寞。而且翻译还是一种精细活，需要达到清末新兴启蒙思想家严复提出的所谓"信、达、雅"的境界，其含义应该是"忠于原意，合乎读者所理解的语法，作恰当的修辞"。这当然是不容易做到的，加之中西文化背景与表达方式的差异性，所以很多语句我改之又改。理解上的问题包括经济学方面的，也包括英语语言方面的；表述上的问题包括文笔，也包括对中文语法规则、语言习惯的掌握和运用。好在本书是通俗性较强的著作，不是严格意义上的教科书，译文也就避免强调过高的专业性，尽量争取在文字上通顺、平实、流畅、减少歧义。

最后特别要感谢中译出版社社长、总编辑乔卫兵以及本书编辑朱小兰,他们为我指点良多。

冯 毅

2023年2月10日

注 释

序 言

1. Christopher Rugaber, "Why are Fears of Inflation Getting Worse?," Associated Press, May 12, 2021, https://apnews.com/article/financial-markets-inflation-health-coronavirus-pandemic-business-9b28c435b-caf8f787838ca1160e4d47f.

2. Olivia Rockman, "U.S. Consumer Prices Jump Most Since 2008, Topping All Estimates," Bloomberg, July 13,2121, https://www.bloomberg.com/news/articles/2021-07- 13/us-consumer-prices-increased-in-june-by-more-than-forecast.

3. "The Incredible Shrinking Dollar," *New York Post*, July 14, 2021.

4. Ben Popken, "Get Ready for Higher Grocery Bills for the Rest of the Year," NBC News, April 13, 2121, https://www.nbcnews.com/business/consumer/get- ready-higher-grocery-bills-rest-year-n1263897.

5. David Lynch, "Recovery's Stumbles Leave Americans Confronting Unfamiliar Inflation Risk," *Washington Post*, May 10, 2021.

6. Chris Joseph, "Lumber Prices Skyrocketing, and Taking Home Prices with Them," WISTV, April 15, 2021, https://www.wistv.com/2021/04/15/lumber-prices-sky- rocketing-taking-home-prices-with-them/.

7. Justin Blum, "A $4,749 Bike Hints at Inflation Peril Looming for U.S. Economy," Bloomberg, June 5 2021, https://www.bloomberg.com/news/articles/2021-06-05/a-4-749-bike-hints-at-inflation-peril-looming-for- us-economy.

8. Lawrence Lewitinn, "Lawrence Summers on Inflation: Fed 'Will Only Re- move the Punch Bowl After It Sees People Staggering Around Drunk,'" CoinDesk, May 26, 2021, https://www.coindesk.com/markets/2021/05/26/lawrence-summers-on-inflation-fed-will-only-remove-the-punch-bowl-after-it-sees-people-staggering-around- drunk/.

9. Matt Egan, "Larry Summers Sends Stark Inflation Warning to Joe Biden," CNN Business, May 27, 2021, https://www.cnn.com/2021/05/26/economy/inflation-larry-summers-biden-fed/index.html.

10. Alan Blinder, "The Anatomy of Double-Digit Inflation in the 1970s," *Inflation: Causes and Effects* (Chicago, University of Chicago Press, 1982), 261.

11. Patti Domm, "Inflation is Hotter Than Expected, But It Looks Temporary and Likely Won't Affect Fed Policy Yet," CNBC, June 10,

2121, https://www. cnbc.com/2021/06/10/inflation-hotter-than-expected-but-transitory-wont-affect-fed-policy.html.

12. Mark DeCambre,"Powell Says Time to Retire 'Transitory' When Talking About Inflation—and Stock Markets Tank," MarketWatch.com, November 30, 2021, https://www.marketwatch.com/story/powell-says-time-to-retire-transitory-when-talking-about-inflationand-stock-markets- tank-11638305094.

13. Joseph Biden, "Remarks by President Biden on the Economy," transcript of address delivered in The White House Briefing Room, July 19, 2021, https:// www.whitehouse.gov/briefing-room/speeches

remarks/2021/07/19/ remarks-by-president-biden-on-the-economy-3/.

14. Biden, "Remarks."

15. Federal Reserve Open Market Committee, "Summary of Economic Projections," Federal Reserve, December 16, 2020, https://www.federalreserve.gov/monetarypolicy/fomcpro- jtabl20201216.htm.

16. Bureau of Economic Analysis, "Personal Income and Outlays, October 2021," press release, November 24, 2021, https://www.bea.gov/news/2021/personal-in- come-and-outlays-october-2021.

17. "Inflation as Percent of Nominal GDP" (chart) *Unleash Prosperity Hotline*, Committee to Unleash Prosperity, #412, November 16, 2021 https://mailchi. mp/4ef82d29d331/unleash-prosperity-hotline-866180?e=f1a-6f760a8.

18. "Nixon and the End of the Bretton Woods System, 1971–1973," United States Department of State, https://history.state.gov/milestones/1969-1976/nixon-shock.

19. "Historical gold charts," Kitco, 2021, https://www.kitco.com/charts/historicalgold.html.

20. Nathan Lewis, *Gold: The Monetary Polaris* (New Berlin, NY: Canyon Maple Publishing, 2013), 85.

Lewis, Nathan, *Gold: The Final Standard* (New Berlin, NY: Canyon Maple Publishing, 2019), 64-65.

Lewis, Nathan, *Gold: The Once and Future Money* (Hoboken, John Wiley & Sons, 2007), 29-30.

Forbes, Steve, and Elizabeth Ames, *MONEY: How the Destruction of the Dollar Threatens the Global Economy—and What We Can Do About It* (New York, McGraw Hill Education, 2014), 134.

21. Forbes and Ames, *MONEY*, 135.

Lewis, Nathan, "The 1870-1914 Gold Standard: The Most Perfect One Ever Created," *Forbes*, January 3, 2013, https://www.forbes.com/sites/nathanlewis/2013/01/03/the-1870-1914-gold-standard- the-most-perfect-one-ever-created/?sh=362d63f34a6a.

Bordo, Michael David, *The Classical Gold Standard: Some Lessons for Today*, The Federal Reserve Bank of St. Louis, May 1981, 7, https://files.stlouisfed.org/files/htdocs/publications/review/81/05/Classical_

May1981.pdf.

22. Kris James Mitchener, Masato Shizume, Marc Weidenmier, "Why Did Countries Adopt the Gold Standard? Lessons from Japan," National Bureau of Economic Research Working Paper, July 2009, 24, https://www.nber.org/system/files/working_papers/w15195/w15195.pdf.

23. Adam Smith, *The Wealth of Nations*, Adam Smith Institute, https://www.adamsmith. org/the-wealth-of-nations.

24. "Seven Nobel prizes ..." Brian Domitrovic, "The Economics Nobel Goes to Sargent & Sims: Attackers of the Phillips Curve," *Forbes*, October 10, 2011.

25. Bureau of Economic Analysis, "Table 1.1.1 Percent Change from Preceding Period in Real GDP," https://apps.bea.gov/iTable/index_nipa.cfm.

Bureau of Economic Analysis, "Table 1.1.6 Real Gross Domestic Product, Chained Dollars," https://apps.bea.gov/iTable/index_nipa.cfm.

26. *Encyclopedia Britannica*, s.v. "Ikeda Haya- to," https://www.britannica.com/biography/Ikeda-Hayato.

第一章

1. "Hyperinflation in Zimbabwe," *Globalization and Monetary Institute 2011 Annual Report*, Federal Reserve Bank of Dallas, 2, https://www.dallasfed.org/~/media/documents/institute/annual/2011/annual11b.

pdf.

2. Richard Nixon, "Address to the Nation Outlining a New Economic Policy: 'The Challenge of Peace,'" transcript of address delivered in the Oval Office in Washington, DC, August 15, 1971, https://www.presidency.ucsb.edu/documents/address-the-nation-outlining-new-economic-policy-the-challenge-peace.

Kollen Ghizoni, Sandra, "Nixon Ends Convertibility of U.S. Dollars to Gold and Announces Wage/Price Controls," Federal Reserve Bank of St. Louis, August 1971, https://www.federalreservehistory.org/essays/gold-convertibility-ends.

3. Nathan Lewis, *Gold: The Once and Future Money* (Hoboken, John Wiley & Sons, 2007), 31.

4. "Consumer Price Index, 1913-," Federal Reserve Bank of Minneapolis, https://www.minneapolisfed.org/about-us/monetary-policy/inflation-calculator/consumer-price-index-1913-.

5. "Historical gold charts," Kitco, https://www.kitco.com/charts/historicalgold.html.

6. "U.S. Crude Oil First Purchase Price," US Energy Information Administration, https://www.eia.gov/dnav/pet/hist/LeafHandler.ashx?n=pet&s=f000000 3&f=a.

7. "Cushing, OK WTI Spot Price FOB," US Energy Information Administration, https://www.eia.gov/dnav/pet/hist/LeafHandler.

ashx?n=PET&s=RWTC&f=M.

8. Meghan De Maria, "What a McDonald's Big Mac Cost the Year You Were Born," Eat This, Not That!, November 21, 2020, https://www.eatthis.com/big-mac-cost/.

9. US Bureau of Labor Statistics, "Consumer Price Index News Release," https://www.bls.gov/news.release/archives/cpi_06102021.htm.

10. "Why Does the Federal Reserve Aim for Inflation of 2 Percent Over the Longer Run?," Federal Reserve, August 27, 2020,

https://www.federalreserve.gov/faqs/economy_14400.htm.

11. "What is Inflation and How does the Federal Reserve Measure It?" Federal Reserve,

https://www. federalreserve.gov/faqs/5CD8134B130A43E998A945450E041BF0. htm.

12. William Mitchell, L. Randall Wray, Martin Watts, Macroeconomics (London: Red Globe Press, 2019), 255.

13. Friedrich Hayek, "The Use of Knowledge in Society," The American Economic Review, XXXV, No. 4., September 1945, 519-30, The Library of Economics and Liberty, https://www.econlib.org/library/Essays/hykKnw.html.

14. "Above-Ground Stocks," February 1, 2021, World Gold Council, https://www.gold.org/goldhub/data/ above-ground-stocks.

15. Alan Greenspan, interview by Steve Forbes, May 11, 2018, raw

transcript for *In Money We Trust?* documentary, produced by Our Town Films and BOLDE Communications, distributed by Maryland Public Television, December 29, 2018, film and additional video can be found at https:// inmoneywetrust.org/.

16. "Historical gold charts," Kitco, https://www.kitco.com/charts/historical- gold.html.

17. Sarah Nassauer, "How Dollar Tree Sells Nearly Everything for $1, Even when Inflation Lurks," Fox Business, July 12, 2021, https://www.foxbusiness.com/ lifestyle/dollar-tree-sales-inflation.

18. Dollar Tree, "Building on the Success of its 'Combo' Store and Dollar Tree Plus Initiatives, Dollar Tree Poised to Take Next Steps in its Multi-Price Evolution," press release, September 28, 2021, https://www.dollartreeinfo. com/news-releases/news-release-details/building-success-its- combo-store-and-dollar-tree-plus.

19. John Steele Gordon, "Why We're on the Path to a '70s-like Inflation Disaster," *New York Post*, July 12, 2021.

20. Charles Bovaird, "Bitcoin Lost Roughly 50% of its Value in a Day," *Forbes*, March 12, 2020.

21. Anna Irrera, "Exclusive: PayPal Launches Crypto Checkout Service," Reuters, March 30, 2021, https:// www.reuters.com/article/us-crypto-currency-paypal-exclusive/exclu- sive-paypal-launches-crypto-checkout-service-idUSKBN2BM10N.

22. Nelson Renteria and Anthony Esposito, "El Salvador's World-First Adoption of Bitcoin Endures Bumpy First Day," Reuters, September 8, 2021, https://www.reuters.com/business/finance/el-salvador-leads-world-into-crypto- currency-bitcoin-legal-tender-2021-09-07/.

第二章

1. Nathan Lewis, *Gold: The Once and Future Money* (Hoboken, John Wiley & Sons, 2007), 21.

2. *Encyclopedia Britannica*, s.v. "Nero," https:// www.britannica.com/biography/Nero-Roman-emperor.

3. Fordham University, Ancient History Sourcebook, *Seutonius, De Vita Caesarum—Nero,c.110C.E.*, https://sourcebooks.fordham.edu/ancient/suet-ne- ro-rolfe.asp.

4. Lewis, *Gold*, 23.

5. Lewis, *Gold*, 23.

6. Glyn Davies, *A History of Money: From Ancient Times to the Present Day* (Cardiff: University of Wales Press, 2002).

Adams, Charles, *For Good and Evil*: The Impact of Taxes on the Course of Civilization (Lanham, MD: Madison Books, 1999).

7. Lewis, *Gold*, 25-27.

Skeen, Bradley, Penny Morrill, Kenneth Hall, Alan Stahl, and Muhammed Hassan Ali, "Money and coinage," *Encyclopedia of Society* and Culture in the Medieval World, by Pam J. Crabtree, Facts on File, 2008, https://search.credoreference.com/content/entry/fofsociety/money_and_coinage/0?institutionId=10199.

St. Onge, Peter, "How Paper Money Led to the Mongol Conquest," Independent Review, Summer 2017, Vol. 22 Issue 2, 223-243, https://www.independent.org/pdf/tir/tir_22_2_09_stonge.pdf.

8. Lewis, *Gold*, 27.

9. Alfred Kennedy, "Marco Polo on Money," Foundation for Economic Freedom, December 1, 1977, https://fee.org/articles/marco-polo-on-money/.

10. Samuel Knafo, *The Making of Modern Finance: Liberal Governance and the Gold Standard* (London: Routledge, 2021), 77-79.

11. Stephen Deng "The Great Debasement and Its Aftermath," *Coinage and State Formation in Early Modern English Literature*, Early

Modern Cultural Studies, (New York, Palgrave Macmillan, 2011), https://doi.org/10.1057/9780230118249_4.

12. Margaret Hastings and Michael Charles Prestwich, "England Under the Tudors," *Encyclopedia Britannica*, https://www.britannica.com/place/United-Kingdom.

13. Lewis, *Gold*, 56-59, 153.

14. J.H. Elliott, *Imperial Spain*, 1469-1716 (New York: St. Martin's Press, 1964).

15. Elgin Groseclose, "The Great Paper-Money Experiment," *Money and Man* (Norman, OK: University of Oklahoma Press, 1976).

16. Jon Moen, "John Law and the Mississippi Bubble: 1718-1720," Mississippi Historical Society, October 2001, https://mshistorynow.mdah.ms.gov/issue/john-law- and-the-mississippi-bubble-1718-1720.

Lewis, *Gold*, 79.

17. Moen, "John Law."

18. Lewis, *Gold*, 153.

19. Lewis, *Gold*, 154.

20. "In 1776, the Continental Congress," Cato Institute, https://securessl.cato.org/support/cato1776-coin.

21. *Encyclopedia Britannica*, s.v. "assignat," https://www.britannica.com/ topic/assignat.

22. Lewis, *Gold*, 79-80.

23. "Alexander Hamilton (1789-1795)," https://home.treasury.gov/about/history/prior-secretaries/alexander-hamilton-1789-1795.

24. "Swiss Franc Stability Not at Risk From Ultra-Loose Policy – SNB," Reuters, October 8, 2020, https://www.reuters.com/article/uk-swiss- snb-jordan/swiss-franc-stability-not-at-risk-from-ultra-loose-policy-snb-idUKKBN26T1JM.

25. Nathan Lewis, "Modern Monetary Theory Goes Mainstream," *Forbes*, July 10, 2020.

26. Lewis, *Gold*, 229, 231.

27. Lewis, *Gold*, 344, 356.

28. Wikipedia,s.v. "French Indochinese Piastre," https://en.wikipedia.org/wiki/ French_Indochinese_piastre.

"Devalued Piaster is Urged on Saigon," *New York Times*, June 28, 1970, https://www.nytimes.com/1970/06/28/archives/devalued- piaster-is-urged-on-saigon-house-panel-also-suggests-the.html.

29. "Afghanistan's Currency Crumbles to Record Lows," CNN Business, August 18, 2021, https:// www.cnn.com/2021/08/18/business/afghanistan-currency-tali- ban/index.html.

30. Ben Bernanke, "Money, Gold, and the Great Depression," Transcript of H. Parker Willis Lecture in Economic Policy, Washington and Lee University, Lexington, VA, March 2, 2004, https://www.federalreserve.gov/boarddocs/speeches/2004/ 200403022/default.htm.

31. Masato Shizume, "The Japanese Economy During the Interwar Period: Instability in the Financial System and the Impact of the World Depression," *Bank of Japan Review*, May 2009, 1, https://www.boj.or.jp/en/research/wps_rev/rev_2009/data/rev09e02.pdf.

32. Office of Management and Budget Historical Tables, The White House, "Table 1.1–Summary of Receipts, Outlays, and Surpluses or Deficits (-): 1789-2026," https://www.whitehouse.gov/omb/historical-tables/.

33. US Office of Management and Budget and Federal Reserve Bank of St. Louis, "Federal Debt: Total Public Debt as Percent of Gross Domestic Product," Federal Reserve Bank of St. Louis (FRED), https://fred.stlouisfed.org/series/GFDEGDQ188S.

34. "Historical Gold Charts," Kitco, https://www.kitco.com/charts/historicalgold.html.

35. Board of Governors of the Federal Reserve System, "Monetary Base; Total," Federal Reserve Bank of St. Louis (FRED), https://fred.stlouisfed.org/series/BOGMBASE.

36. FRED, "Monetary Base."

37. Michael Corbett, "Oil Shock of 1973-74," Federal Reserve Bank of St. Louis, January 1974, https://www.federalreservehistory.org/essays/oil-shock-of-1973-74.

38. Steve Hanke, "Hanke's Inflation Dashboard: The Media's Misreporting on Hyperinflation," Cato Institute, October 7, 2020, https://www.cato.org/commentary/hankes-inflation-dashboard-medi-as-misreporting-hyperinflation.

39. United States Holocaust Memorial Museum, *Holocaust Encyclopedia*, s.v. "Treaty of Versailles," https://encyclopedia.ushmm.org/content/en/article/treaty-of-versailles.

40. "Changes in Base Money Demand in Germany," *New World Economics*, February 27, 2011.

41. Adam Fergusson, *When Money Dies* (London: Kimber, 1975), 64.

42. Rudiger Dornbusch, "Stopping Hyperinflation: Lessons from the German Inflation Experience of the 1920s," National Bureau of Economic Research Working Paper, August 1985, https://www.nber.org/system/files/working_papers/w1675/w1675.pdf.

43. Adam Fergusson, interview by Steve Forbes, June 5, 2018, raw transcript for In Money We Trust? documentary, produced by Our Town Films and BOLDE Communications, distributed by Maryland Public Television, December 29, 2018, film and additional video can be found at https://inmoney-wetrust.org/.

44. Fergusson, *When Money Dies*, 120-122.

"In Hyperinflation's Aftermath, How Germany Went Back to Gold," *Forbes*, June 9, 2011.

Polleit, Thorsten, "90 Years Ago: The End of German Hyperinflation," Mises Institute, November 15, 2013, https://mises.org/library/90-years-ago-end-german-hyperinflation.

45. Costantino Bresciani-Turroni, *The Economics of Inflation–A Study of Currency Depreciation in Post War Germany* (London: G. Allen & Unwin Ltd., 1937).

46. "Gold Standard Dropped for the Present to Lift Prices and Aid Our Trade Position; Plans for Controlled Inflation Drafted," *New York Times*, April 20, 1933.

Lewis, *Gold*, 229.

47. Christina Romer, *Encyclopedia Britannica*, s.v. "Great Depression," https:// www.britannica.com/event/Great-Depression.

Jahan, Sarwat, Ahmed Saber Mahmud, and Chris Papageorgiou, "What is Keynesian Economics?," *Finance & Development*, September 2014, Vol. 51, No. 3, 53-54, International Monetary Fund, https://www.imf.org /external/pubs/ft/fandd/2014/09/basics. htm.

48. James Dorn, "The Phillips Curve: A Poor Guide for Monetary Policy," Cato Institute, Winter 2020, https://www.cato. org/cato-journal/winter-2020/phillips-curve-poor-guide-monetary-policy.

49. Alan Reynolds, "The Fed: Lessons of 1972," Cato Institute, May 13, 2004, https://www.cato.org/publications/commentary/fed-lessons-1972#.

50. Brian Domitrovic, "Nobel After Nobel Won't Kill the Phillips Curve," *Forbes*, March 7, 2011, https://www. forbes.com/sites/briandomitrovic/2011/03/07/nobel-after-nobel- wont-kill-the-phillips-curve/?sh=45935be52f53.

51. David Wheelock and Mark Carlson, "The Fed's First (and Lasting) Job: Lender of Last Resort," *Forefront*, June 26, 2013, https:// www.clevelandfed. org/en/newsroom-andevents/publications/forefront/ff-v4n01/ff- v4n0108-the-feds-first-job-lender-of-last-resort.aspx.

52. Aaron Steelman, "Employment Act of 1946," Federal Reserve

Bank of St. Louis, https://www.federalreservehistory.org/essays/ employment-act-of-1946.

53. Robert Hetzel, "Money, Banking, and Monetary Policy From the Formation of the Federal Reserve Until Today," Working Paper 16- 01, Federal Reserve Bank of Richmond, 25, https://fraser.stlouisfed. org/title/working-papers-federal-reserve-bank-richmond-3942/ money-banking-monetary-policy-formation-federal-reserve-to- day-531445.

54. "Primary Dealers," Federal Reserve Bank of New York, https://www.newyo- rkfed.org/markets/primarydealers.

55. Judy Shelton, "How the Fed Finances U.S. Debt," *Wall Street Journal*, October 13, 2021.

56. Ben Bernanke, "Monetary Policy Since the Onset of the Crisis," Transcript of Speech delivered to the Federal Reserve Bank of Kansas City Economic Symposium, Jackson Hole, Wyoming, August 31, 2012, https://www.federalreserve.gov/newsevents/ speech/bernanke20120831a.htm.

57. Hideyuki Sano, "BOJ Buys Stock ETFs as Usual After Policy Change, But Changes May Lie Ahead," Reuters, March 22, 2021, https://www. reuters.com/article/us-japan-boj-stocks/boj-buys-stock-etfs-as-usual-after-policy-change-but-changes-may-lie-ahead-idUSKBN2BE17M.

Sugiyama, Kentaro, and Leika Kihara, "Take On More Risk or Ta- per? BOJ Faces Tough Choice with REIT Buying," Reuters,

March 4, 2021, https://www.reuters.com/article/us-japan-boj-reit/take- on-more-risk-or-taper-boj-faces-tough-choice-with-reit-buying-idUSKBN2AW0ND.

Bosley, Catherine, "Swiss Central Bank Owns Record $162 Billion of U.S. Stocks," *Bloomberg*, August 6, 2021, https://www.bloomberg. com/news/articles/2021-08-06/swiss-central-banks-hoard-of-foreign-exchange-tops-1-trillion.

58. Office of Management and Budget, "Table 1.1–Summary of Receipts, Outlays, and Surpluses or Deficits (-): 1789-2026," https://www.whitehouse.gov/ omb/historical-tables/.

59. Basel Committee on Banking Supervision, Bank for International Settlements, "Finalising Basel III, In Brief," December 2017, https://www.bis.org/bcbs/publ/d424_inbrief.pdf.

60. Federal Reserve, "Interest on Reserve Balances," https:// www.federalreserve.gov/monetarypolicy/reserve-balances.htm.

61. James Grant, interview by Steve Forbes, May 2 2018, raw transcript for *In Money We Trust?* documentary, produced by Our Town Films and BOLDE Communications, distributed by Maryland Public Television, December 29, 2018, film and additional video can be found at https://inmoneywetrust.org/.

62. Board of Governors of the Federal Reserve System (US), "Monetary Base; Total," Federal Reserve Bank of St. Louis (FRED),

https://fred.st- louisfed.org/series/BOGMBASE.

63. "Historical gold charts," Kitco, https://www.kitco.com/charts/historicalgold.html.

64. Federal Reserve, Press release, July 28, 2021, https://www.federalre- serve.gov/monetarypolicy/files/monetary 20210728a1.pdf.

65. Federal Reserve, "Factors Affecting Reserve Balances – H.4.1," https://www.federalreserve.gov/releases/h41/.

Federal Reserve Bank of New York, "FAQs: Reverse Repurchase Agreement Operations," September 22, 2021, https://www.newyo- rkfed.org/markets/rrp_faq.html.

Chen, James, "Reverse Repurchase Agreement," Investopedia, December 28, 2020, https://www.investopedia.com/terms/r/reverserepurchaseagreement.asp.

66. Federal Reserve, "Factors Affecting Reserve Balances – H.4.1," February 25, 2021, https://www.federalreserve.gov/releases/h41/20210225/.

67. Federal Reserve, "Factors Affecting Reserve Balances–H.4.1," December 23, 2021, https:// www.federalreserve.gov/releases/h41/2021 1223/.

68. Stephanie Kelton, *The Deficit Myth: Modern Monetary Theory and the Birth of the People's Economy* (New York: Public Affairs, 2020).

69. US Department of the Treasury, Fiscal Service, "Federal Debt

Held by Federal Reserve Banks," Federal Reserve Bank of St. Louis (FRED), https://fred.st- louisfed.org/series/FDHBFRBN.

第三章

1. Jerome Powell, "New Economic Challenges and the Fed's Monetary Policy Review," transcript of speech delivered to the economic policy symposium sponsored by the Federal Reserve Bank of Kansas City, August 27, 2020, https://www.federalreserve.gov/newsevents/ speech/powell20200827a.htm.

2. Mitchell Hartman, "I've Always Wondered…Why is Inflation Necessary?," Marketplace, September 12, 2019, https://www.market-place.org/2019/09/12/why-is-inflation-necessary/.

3. Editorial, "The Higher Wages of Growth," *Wall Street Journal*, September 16, 2020.

4. Binyamin Appelbaum, "In Fed and Out, Many Now Think Inflation Helps," *New York Times*, October 26, 2013.

5. Gerald Porter, Jr., "Diaper Inflation Wrecks Already-Strained Family Bud- gets in the U.S.," Bloomberg, July 9, 2021, https://www.bloomberg. com/news/articles/2021-07-09/diaper-costs-crush-families-as-p-g-and-kimberly-clark-pass-along-inflation.

6. Elisabeth Buchwald, "Eggs and Pancakes for Dinner: How One Family of Seven Is Coping with America's Food Inflation," MarketWatch,

updatedJuly 19, 2021, https://www.marketwatch.com/story/eggs-and-pancakes-for-dinner-how-one-family-of-seven-is-coping-with-americas-food-inflation-11626285167.

7. UNICEF, "Going hungry–how COVID-19 has harmed nutrition in Asia and the Pacific," press release, February 1, 2021, https://www.unicef.org/cambodia/press-releases/going-hungry-how-covid-19-has- harmed-nutrition-asia-and-pacific.

8. Sarwat Jahan, Ahmed Saber Mahmud, and Chris Papageorgiou, "What is Keynesian Economics?," *Finance & Development*, Vol. 51, No. 3, September 2014, International Monetary Fund, https://www.imf. org/external/pubs/ft/fandd/2014/09/basics.htm.

9. Brian Domitrovic, interview by Steve Forbes, May 23, 2018, raw transcript for *In Money We Trust*? documentary, produced by Our Town Films and BOLDE Communications, distributed by Maryland Public Television, December 29, 2018, film and additional video can be found at https://inmoneywetrust.org/.

10. Brian Domitrovic, "The Fed is Failing its Unemployment Mandate," *Forbes*, September 20, 2011.

Domitrovic, Brian "We're Learning from the 1980s/Push for Gold, At Last," *Forbes*, January 24, 2012.

11. US Bureau of Labor Statistics, "Unemployment Rate," Federal Reserve Bank of St. Louis (FRED), https://fred.stlouisfed.org/series/

UNRATE.

12. Stanley Lebergott, "Annual Estimates of Unemployment in the United States, 1900-1954," *The Measurement and Behavior of Unemployment* (Washington, DC: National Bureau of Economic Research, 1957) 211, 242.

13. Organization for Economic Co-operation and Development, "Registered Unemployment Rate for Switzerland," Federal Reserve Bank of St. Louis (FRED), https://fred.stlouisfed.org/series/LMUNRRTTCHQ156S.

14. "Deflation and Economic Growth," *National Economic Trends*, March 1998.

15. Nathan Lewis, *Gold: The Final Standard* (New Berlin, NY: Canyon Maple Publishing 2017) 134.

16. National Bureau of Economic Research, "Miles of Railroad Built for United States," Federal Reserve Bank of St. Louis (FRED), https://fred.st- louisfed.org/series/A02F2AUSA374NNBR.

17. Paul Robinson, "Petroleum and Its Products," *Handbook of Industrial Chemistry and Biotechnology* (Springer US, November 2012), 699-747, https://www.researchgate.net/publication/302207461_Petroleum_and_Its_Products.

Robbins, James, "How Capitalism Saved the Whales," Foundation for Economic Education, August 1, 1992,

https://fee.org/articles/ how-capitalism-saved-the-whales/.

18. Burton Folsom, "John D. Rockefeller and the Oil Industry," Foundation for Economic Education, October 1, 1988, https://fee.org/articles/ john-d-rockefeller-and-the-oil-industry/.

19. Steve Hanke, interview by Steve Forbes, April 17, 2018, raw transcript for *In Money We Trust?* documentary, produced by Our Town Films and BOLDE Communications, distributed by Maryland Public Television, December 29, 2018, film and additional video can be found at https://inmoney- wetrust.org/.

20. Steve Forbes and Elizabeth Ames, *Money: How The Destruction of the Dollar Threatens the Global Economy—and What We Can Do About It*, (New York: Mc- Graw Hill Education, 2014), 81.

21. John Maynard Keynes, *The Economic Consequences of the Peace* (New York: Har- court, Brace, and Howe, 1920), chapter 6.

22. Todd Pittinsky, "Inflation Disproportionately Hurts the Poor," (letter) *Wall Street Journal*, June 20, 2021.

23. Mark Skousen, interview by Steve Forbes, Jun 18, 2018, raw transcript for *In Money We Trust?* documentary, produced by Our Town Films and BOLDE Communications, distributed by Maryland Public Television, December 29, 2018, film and additional video can be found at https://inmoneywetrust.org/.

24. Brian Faler, "U.S. Sees Biggest Revenue Surge in 44 Years Despite Pandemic," *Politico*, October 12, 2021.

25. Editorial, "The Inflation Tax Rises: Real Average Hourly Earnings Have Declined 1.9% Since Biden's Inaugural," *Wall Street Journal*, October 13, 2021.

26. Zheli He and Xiao yue Sun, "Impact of Inflation by Household Income," Penn Wharton Budget Model, December 15, 2021, https://budgetmodel.wharton. upenn.edu/issues/2021/12/15/consumption-under-inflation-costs

27. John Locke, *The Works of John Locke*, vol. 5 (London: Thomas Davison, Whitefriars, 1823), 145.

28. Herman Nessi and Jorge Lorio, "Argentina's Annual Inflation Rate Tops 50% as Global Prices Soar," Reuters, July 15, 2021, https://www.reuters. com/world/americas/argentina-inflation-seen-year-low-32-june- likely-reheat-2nd-half-2021-07-15/.

29. Reuters Graphics, "Turkish inflation jumps above policy rate," https://graphics.reuters.com/TURKEYECONOMY/INFLATION/jbyvrzxjdve/index.html.

30. Board of Governors of the Federal Reserve System (US), "Bank Prime Loan Rate Changes: Historical Dates of Changes and Rates [PRIME]," Federal Reserve Bank of St. Louis (FRED), https://fred.stlouisfed.org/series/PRIME.

31. "What are negative interest rates and how would they affect me?," Bank of England, updated September 10, 2021, https://www.

bankofengland.co.uk/knowledgebank/what-are-negative-interest-rates.

32. Chuck Jones, "Apple Will Have to Buyback $250 Billion in Stock to Become Cash Neutral," Forbes, February 28, 2021,

33. US Department of the Treasury, Fiscal Service, "Federal Debt: Total Public Debt," Federal Reserve Bank of St. Louis (FRED), https://fred.stlouisfed.org/series/GFDEBTN.

34. Josef Joffe, "America Looks More Like Europe All the Time," *Wall Street Journal*, August 22, 2021.

35. Federal Bank of St. Louis, "Spot Crude Oil Price: West Texas Intermediate (WTI)," Federal Reserve Bank of St. Louis (FRED), https://fred.st-louisfed.org/series/WTISPLC.

36. Nathan Lewis, "Commodities in the 1970s," New World Economics, April 1, 2007, https://newworldeconomics.com/commodities-in-the-1970s/.

37. Brian Domitrovic, interview by Steve Forbes, May 23, 2018, raw transcript for *In Money We Trust*? documentary, produced by Our Town Films and BOLDE Communications, distributed by Maryland Public Television, December 29, 2018, film and additional video can be found at https://inmoneywetrust.org/.

38. Brian Domitrovic, "Oil Soared Because the U.S. Tanked the Dollar," *Forbes*, May 8, 2018.

39. Domitrovic interview, May 23, 2018.

40. Board of Governors of the Federal Reserve System, "Federal

Funds Effective Rate," Federal Reserve Bank of St. Louis (FRED), https://fred.st-louisfed.org/series/FEDFUNDS.

41. Board of Governors of the Federal Reserve System, "Monetary Base; Total", Federal Reserve Bank of St. Louis (FRED), https://fred.stlouisfed.org/series/BOGMBASE.

42. "Historical gold charts," Kitco, https://www.kitco.com/charts/historicalgold.html.

43. Charles Schumer and Carolyn Maloney, "The Subprime Lending Crisis," Report and Recommendations by the Majority Staff of the Joint Economic Committee, October 2007, https://www.jec.senate.gov/archive/Documents/Reports/10.25.07OctoberSubprimeReport.pdf.

44. The Financial Crisis Inquiry Commission, "The Financial Crisis Inquiry Report: Final Report of the National Commission on the Causes of the Financial and Economic Crisis in the United States," January 2011, https://www.govinfo.gov/content/pkg/GPO-FCIC/pdf/GPO-FCIC.pdf.

45. Jeff Testerman, "Investor, or Pauper or Merely a Front Man?," *Tampa Bay Times*, April 9, 2006.

46. Testerman, "Investor, or Pauper."

47. William Emmons, "The End is in Sight for the U.S. Foreclosure Crisis," On The Economy Blog, December 2, 2016, https://www.stlouisfed.org/on-the-economy/2016/december/end-sight-us-fore-closure-crisis#endnote1.

48. Federal Deposit Insurance Corporation, "Crisis and Response: An FDIC History, 2008–2013," https://www.fdic.gov/bank/historical/ crisis/overview.pdf.

49. Investopedia, s.v. "What is the History of the S&P 500?," updated October 26, 2021, https://www.investopedia.com/ask/answers/041015/what-history-sp-500.asp.

50. Steve Hanke, interview by Steve Forbes, April 17, 2018, raw transcript for *In Money We Trust?* documentary, produced by Our Town Films and BOLDE Communications, distributed by Maryland Public Television, December 29, 2018, film and additional video can be found at https://inmoney- wetrust.org/.

51. Alex Muresianu and Jason Harrison, "How the Tax Code Handles Inflation (and How It Doesn't)," Tax Foundation, June 28, 2021, https://taxfoundation.org/taxes-inflation/.

52. US Census Bureau, "Consumer Income," *Current Population Reports*, Series P-60, No. 49, August 10, 1966, https://www2.census.gov/prod2/popscan/p60-049.pdf.

53. Tax Foundation, "Federal Individual Income Tax Rates History," https://files.taxfoundation.org/legacy/docs/fed_individual_rate_history_nominal.pdf.

54. US Census Bureau, "Money Income of Households, Families, and Persons in the United States:1980," Report Number P60-132, July

1982, https://www.census.gov/library/ publications/1982/demo/p60-132.html.

55. Stephen Entin, "Getting 'Real' by Indexing Capital Gains for Inflation," Tax Foundation, March 6, 2018, https://taxfoundation.org/inflation-adjusting-capital-gains/.

56. Nathan Lewis's calculations based on data from Measuring Worth, https:// www.measuringworth.com.

57. Robert Hershey, Jr., "The Boom in Tax Shelters," *New York Times*, July 19,1983, Section D, 1.

58. "Revenue Proposals Contained in the President's Budget for Fiscal Year 1990," Vol 4, p 15, https://books.google.com/books?id=36-jxgEACAA- J&q=Initial+Public+Offerings#v=snippet&q=Initial%20 Public%20 Offerings&f=false.

59. "What's with All the Unfinished Buildings in Peru and Boliva?," Overland Traveler's Blog, December 13, 2009, https://overlandtraveller.wordpress. com/2009/12/13/what's-with-all-the-unfinished-buildings-in-peru-and-bolivia/.

60. Simon Romero and María Díaz, "A 45-Story Walkup Beckons the Desperate," *New York Times*, March 1, 2011.

61. Bureau of Economic Analysis, "Table 7.1 Selected Per Capita Product and Income Series in Current and Chained Dollars," https://apps.bea.gov/iTable/iTable.cfm?reqid=19&step=2#reqid=19&step=2&isuri=1

&1921=survey.

World Bank, "GDP Per Capita Growth (annual %) - United States," https://data.worldbank.org/indicator/NY.GDP.PCAP.KD.ZG?locations =US.

62. US Bureau of Economic Analysis, "Real Gross Domestic Product Per Capita," Federal Reserve Bank of St. Louis (FRED), https://fred.stlouisfed.org/series/A939RX0Q048SBEA.

63. Bruce Bartlett, "The Futility of Price Controls," *Forbes*, January 15, 2010,

64. James Copland, *The Unelected: How an Unaccountable Elite is Governing America* (New York: Encounter Books, 2020), 19.

65. Copland, *The Unelected*, 19.

66. United State Supreme Court, "Alabama Association of Realtors, et al. v. Department of Health and Human Services, et al. on Application to Vacate Stay," No. 21A23, 594 U.S. (2021), https://www.supremecourt.gov/opinions/20pdf/21a23_ap6c.pdf.

67. George Gilder, *The Scandal of Money: Why Wall Street Recovers but the Economy Never Does* (Washington, DC: Regnery Gateway, 2016), 16.

68. John Maynard Keynes, *Economic Consequences of Peace* (New York: Harcourt, Brace, and Howe, 1920), 236.

69. Steve Forbes and Elizabeth Ames, *MONEY*, 109.

70. Elias Canetti, *Crowds and Power*, translated from the German by Carol Stewart, (New York: Continuum, 1962), 187.

71. Nicholas Engelmann, "Argentina's Inflation Problem, and How It's Permeated Every Aspect of the Culture," Paste, December 7, 2016.

72. Adam Fergusson, *When Money Dies: The Nightmare of the Weimar Collapse* (London: William Kimber & Co. Ltd., 1975), 229.

73. Fergusson, *When Money Dies*, 236.

74. Colin Dwyer, "Venezuela, Racked With Hyperinflation, Rolls Out New Banknotes," NPR.org, August 20, 2018, https://www.npr.org/2018/08/20/640213152/venezuela-racked-with-hyperinflation-rolls-out-new-banknotes.

75. "Venezuela 2020 Crime and Safety Report," Overseas Security Advisory Council, July 21, 2020, https://www.osac.gov/Country/Venezuela/Content/Detail/Report/0e6ed0e0eb8e-44cc-ab81-1938e6c8d93f.

76. Jen Hatton, "Criminologist Discusses Inflation's Effect on Crime," UMSL Daily, September 20, 2011, https://blogs.umsl.edu/news/2011/09/20/crimerates/.

77. *Encyclopedia Britannica*, s.v. "Jasmine Revolution," https://www.britannica.com/event/Jasmine-Revolution.

78. The World Bank, "Inflation, Consumer Prices, Egypt, Arab Rep.," https://data.worldbank.org/indicator/FP.CPI.TOTL.ZG?locations=EG.

79. The World Bank, "Inflation, Consumer Prices, Iran, Islamic Rep.,"

https://data.worldbank.org /indicator/FP.CPI.TOTL.ZG?locations=IR.

80. Nathan Lewis, *Gold: The Once and Future Money* (New York: Wiley, 2007), 81, 378.

81. Lewis, *Gold*, 81.

82. Lewis, *Gold*, 81.Lampe, J.R., and John Allcock, "Yugoslavia," Encyclopedia Britannica, https://www.britannica.com/place/Yugoslavia-former-federated-nation-1929-2003.

83. Richard Ebeling, "The Great French Inflation," Foundation for Economic Education, July 1, 2007.

84. Nathan Lewis, *Gold: The Final Standard* (New Berlin, NY: Canyon Maple Publishing, 2019), 79-80.

85. Paul Volcker, interview by Steve Forbes, May 10, 2018, raw transcript for *In Money We Trust?* documentary, produced by Our Town Films and BOLDE Communications, distributed by Maryland Public Television, December 29, 2018, film and additional video can be found at https://inmoneywetrust.org/.

86. Bureau of Labor Statistics, "Consumer Price Index-October 2021," November 10, 2021, "https://www.bls.gov/news.release/cpi.nr0.htm.

87. Pew Research Center, "Public Trust in Government: 1958-2021," May 17, 2021, https://www. pewresearch.org/politics/2021/05/17/public-trust-in-government-1958-2021/.

88. Will Feuer, "White House Blames Big Meat for Rising Prices, Alleges 'Profiteering,'" *New York Post*, September 9, 2021.

89. *Encyclopedia Britannica*, s.v. "Soviet Invasion of Afghanistan," https://www.britannica.com/event/Soviet-invasion-of-Afghanistan/.

第四章

1. "Argentina Imposes Currency Controls to Support Economy," BBC News, September 2, 2019.

2. João Paulo Pimentel, Luciana Rosa, Reuters, "Argentina's Tightened Currency Rules Affect Dollar-Denominated Card Purchases," Latin America Business Stories, September 17, 2020.

3. "US Dollar to Argentine Peso Exchange Rate Chart," XE, https://www.xe.com/currencycharts/?from=USD&to=ARS&view=5Y.

4. "US Dollar to Turkish Lira Exchange Rate Chart," XE, https://www.xe.com/currencycharts/?from=US-D&to=TRY&view=10Y.

5. Ragip Soylu, "Turkey Cracks Down on 'Food Terrorism' with Government Shops," *Middle East Eye*, February 12, 2019.

6. Azra Ceylan and Jonathan Spicer, "Turkey to Open 1,000 markets to Counter High Inflation, Erdogan says," Reuters, October 3, 2021, https://www.reuters.com/world/middle-east/turkey-open-1000-new-markets-counter-inflation-erdogan-says-2021-10-03/.

7. Aaron O'Neill, "The 20 Countries with the Highest Inflation

Rate in 2020," Statista, June 16, 2021, https://www.statista.com/statistics/268225/countries-with-the-highest-inflation-rate/.

8. Kejal Veyas, "Venezuela Quietly Loosens Grip on Market, Tempering Economic Crisis," *Wall Street Journal*, September 17, 2019.

9. Sandra Kollen Ghizoni, "Nixon Ends Convertibility of U.S. Dollars to Gold and Announces Wage/Price Controls," Federal Reserve Bank of St. Louis, August 1971, https://www.federalreservehistory.org/essays/gold-convertibility-ends.

10. Gene Healy, "Remembering Nixon's Wage and Price Controls," Cato Institute, August 16, 2011, https://www.cato.org/commentary/rememberingnixons-wage-price-controls.

11. Gerald Ford, "Remarks to the Annual Convention of the Future Farmers of America, Kansas City, Missouri," The American Presidency Project, October 15, 1974, https://www.presidency.ucsb.edu/documents/remarks-the-annual-convention-the-future-farmers-america-kansas-city-missouri.

12. Ford Library Museum, "Whip Inflation Now (WIN)," https://www.fordlibrarymuseum.gov/museum/artifactcollectionsamples/win.html.

13. Courtesy of the Gerald R. Ford Presidential Museum via Wikimedia Commons.

14. "Jimmy Carter's First Report to the American People," *New York Times*, February 3, 1977.

15. Michael Bryan, "The Great Inflation 1965—1982," Federal Reserve Bank of St. Louis, November 22, 2013, https://www.federalreserve- history.org/essays/great-inflation.

16. International Monetary Fund, "The IMF at a Glance," March 3, 2021, https://www.imf.org/en/About/Factsheets/IMF-at-a-Glance.

17. Nathan Lewis, *Gold: The Once and Future Money* (New York: Wiley, 2007), 341–373.

18. Lewis, *Gold*, 378–382.

19. Joan Manuel Santiago Lopez, "Argentina's 'Little Trees' Blossom as Forex Controls Fuel Black Market," Reuters, February 5, 2020. https:// www.reuters.com/article/us-argentina-currency-blackmarket/argentinas-little-trees-blossom-as-forex-controls-fuel-black-market-idUSKBN1ZZ1H1.

20. Lewis, *Gold*, 350.

21. Lewis, *Gold*, 354.

22. Steve Hanke, "On the Fall of the Rupiah and Suharto," Cato Institute, January 27, 2007, https://www.cato.org/publications/commentary/fall-ru piahsuharto.

23. "Professor Hanke vs. the IMF," *Johns Hopkins Magazine*, June 1998.

24. Lewis, *Gold*, 42, 384.

25. Isabella Weber, "How to Make a Miracle? Ludwig Erhard's Post-

War Price Liberalisation in China's 1980s Reform Debate," Working Paper, Dept. of Economics, New School for Social Research, March 2019, http://www.economicpolicyresearch.org/ econ/2019/NSSR_WP_032019.pdf.

26. "Individual Income Tax Rates in West German, 1946- 66," *Reason*, https://reason.com/wp-content/uploads/assets/ db/15402236542664.pdf.

27. Nathan Lewis, "It's Time to Plan for the Post-Crisis World," New World Economics, April 24, 2020, https:// newworldeconomics.com/its-time-to-plan-for-the-post-crisis-world/.

28. Lewis, *Gold*, 43, 322-326.

29. Bryan, "The Great Inflation."

30. Board of Governors, "Paul A. Volcker," Federal Reserve Bank of St. Louis, https://www.federalreservehis- tory.org/people/paul-a-volcker.

31. "Historical Gold Charts," Kitco, https://www.kitco.com/charts/historicalgold.html.

32. "Historical Gold Charts," Kitco, https://www.kitco.com/charts/historicalgold.html.

33. Paul Volcker, interview by Steve Forbes, May 10, 2018, raw transcript interview for *In Money We Trust*? documentary, produced by Our Town Films and BOLDE Communications, distributed by Maryland Public Television, May 10, 2018, film and additional video can be found at https://inmoneywetrust.org/.

34. US Bureau of Labor Statistics, "Unemployment Rate," Federal Reserve Bank of St. Louis (FRED), https://fred.stlouisfed.org/series/UNRATE.

35. Bill Medley, "Volcker's Announcement of Anti-Inflation Measures," Federal Reserve Bank of St. Louis, October 1979, https://www.federalreservehistory.org/ essays/anti-inflation-measures.

36. James Boughton, "The Mexican Crisis: No Mountain Too High?" *Silent Revolution: the International Monetary Fund*, 1979-1989, (Washington, DC: International Monetary Fund, 2001), 281.

37. "Percent Change From Preceding Period in Real Gross Domestic Product," Bureau of Economic Analysis, October 28, 2021, https://bit.ly/3wssZ4g.

38. Clay Halton, "The Misery Index," Investopedia, June 1, 2021, https://www.investopedia.com/terms/m/miseryindex.asp#citation-4.

39. "U.S. Misery Index 1948–The Present," Inflation Data, https://inflationdata.com/articles/wpcontent/uploads/2021/09/Misery-Index2-Aug-2021.png.

40. Kitco, "Historical Gold Charts."

41. Board of Governors of the Federal Reserve System, "Alan Green- span," Federal Reserve Bank of St. Louis, https://www.federalreservehistory.org/people/alan-greenspan.

42. Alan Greenspan, "Monetary Policy and the State of the Economy,"

testimony before US House of Representatives, Committee on Financial Services, July 21, 2004, http://commdocs.house.gov/committees/ bank/hba96942.000/hba96942_0f.htm.

43. Nathan Lewis, "If Alan Greenspan Wants To 'End the Fed,' Times Must Be Changing," *Forbes*, March 14, 2013.

44. Craig Hakkio, "The Great Moderation 1982 -2007," Federal Reserve Bank of St. Louis, https://www.federalreservehistory.org/ essays/great-moderation.

45. Nathan Lewis, "The Flat Tax in Russia," New World Economics, May 30, 2010, https://newworldecono mics.com/the-flat-tax-in-russia/.

46. Alvin Rabushka, "The Flat Tax at Work in Russia," *Hoover Daily Report*, February 21, 2002.

47. Daniel Mitchell, "Flat World, Flat Taxes," Cato Institute, April 27, 2007, https://www.cato.org/commentary/flat-world-flat-taxes.

48. Lewis, *Gold*,359.

49. Lewis, *Gold*, 359.

50. Lewis, "Flat Tax in Russia."

"Interest Rates, Discount Rate for Russian Federation," Federal Reserve Bank of St. Louis (FRED), https://fred.stlouisfed.org/series/INTDSRRUM193N.

51. Steve Hanke, "Remembrances of a Currency Board Reformer: Some Notes and Sketches from the Field," *Studies in Applied Economics*,

No. 55, June 2016.

52. Steve Hanke, interview by Steve Forbes, April 17, 2018, raw transcript interview for *In Money We Trust?* documentary, produced by Our Town Films and BOLDE Communications, distributed by Maryland Public Television, December 29, 2018, film and additional video can be found at https://inmoneywetrust.org/.

53. Andreas Katsis, "Analysis of the Estonian Currency Board," Studies in Applied Economics, No. 88, September 2017.

54. Anders Aslund and Valdis Dombrovskis, "Latvia's Post-Soviet Transition, How Latvia Came Through the Financial Crisis," Peterson Institute for International Economics, May 2011, 9, https://www.piie.com/publications/chapters_preview/6024/01iie6024.pdf.

55. Spencer Abrohms and Kurt Schuler, "A Balance Sheet Analysis of the CFA Franc Zone," *Studies in Applied Economics*, No. 143, December 2019, https://sites.krieger.jhu.edu/iae/files/2019/12/ A-Balance-Sheet-Analysis-of-the-CFA-Franc-Zone-1.pdf.

56. Katsis, "Analysis."

57. Steve Hanke and Todor Tanev, "On Extending the Currency Board Principle in Bulgaria: Long Live the Currency Board," *Studies in Applied Economics*, No. 140, November 2019, https://www.cato.org/sites/cato.org/files/2019-11/On-Extending-the-Currency-Board-Principle-in-Bulgaria-Long-Live-the-Currency-Board.pdf.

58. Anne-Marie Guide, "The Role of the Currency Board in Bulgaria's Stabilization," *Finance & Development*, Volume 36, Number 3, (September 1999), https://www.imf.org/external/pubs/ft/ fandd/1999/09/gulde.htm.

59. Hanke, interview transcript.

60. The World Bank, "GDP Growth (annual %)– Bulgaria," https://data.worldbank.org/indicator/NY.GDP.MKTP. KD.ZG?locations=BG.

61. Hanke, interview transcript.

62. Steve Hanke, "Why Argentina Did Not Have a Currency Board," *Central Banking*, Vol. 8, No. 3, (February 2008), https://www.cato.org/sites/cato.org/files/articles/hanke_feb2008_argentina_currencyboard.pdf.

63. Hanke, interview transcript.

64. James Dorn, "How the Classical Gold Standard Can Inform Monetary Policy," *Cato Journal*, Fall 2020.

65. Judy Shelton, interview by Steve Forbes, April 18, 2018, raw transcript interview for *In Money We Trust?* documentary, produced by Our Town Films and BOLDE Communications, distributed by Maryland Public Television, December 29, 2018, film and additional video can be found at https://inmoneywetrust.org/.

66. Federal Reserve Bank of St. Louis, "Creation of the Bretton Woods System," July 1944, https://www.federalreserve- history.org/essays/bretton-woods-created.

67. United States Treasury, "U.S Treasury Owned Gold," Fiscal Data,

https://fiscaldata.treasury.gov/datasets/status-report- government-gold-reserve/us-treasury-owned-gold.

68. Board of Governors of the Federal Reserve System, "Monetary Base; Total," Federal Reserve Bank of St. Louis (FRED), https://fred.stlouisfed.org/ series/BOGMBASE.

69. Douglas Irwin, "Gold Sterilization and the Recession of 1937-38," Working Paper 17595, National Bureau of Economic Research, 12, https://www.nber.org/system/files/working_papers/w17595/w17595.pdf

70. Board of Governors of the Federal Reserve System, "Monetary Base; Total," Federal Reserve Bank of St. Louis, https://fred.stlouisfed.org/series/BOGMBASE.

71. "Brief History of the Gold Standard in the United States," Congressional Research Service, June 23, 2011, https:// crsreports.congress.gov/product/pdf/R/R41887/2.

72. Barry Eichengreen, *Golden Fetters: The Gold Standard and the Great Depression, 1919-1939* (New York: Oxford University Press, 1992), Introduction.

73. Lewis, *Gold*, 226.

74. Alan Reynolds, "The Economic Impact of Tax Changes, 1920–1939," *Cato Journal*, Cato Institute, Winter 2021.

75. Nathan Lewis, "Currency Devaluations of the 1930s," New World Economics, September 30, 2012, https://newworldeconomics.com/

currency-devaluations-of-the-1930s/.

76. Sandra Kollen Ghizoni, "Creation of the Bretton Woods System July 1944," Federal Reserve Bank of St. Louis, https://www.federalreservehistory.org/essays/bretton-woods-created.

第五章

1. *Forbes*, April 1, 1974, 28.

2. "Dow Jones - DJIA - 100 Year Historical Chart," Macrotrends, https://www.macrotrends.net/1319/dow-jones-100-year-historical- chart.

3. "Dow Jones - DJIA - 100 Year Historical Chart," Macrotrends, https://www.macrotrends.net/1319/dow-jones-100-year-historical-chart.

4. US Bureau of Labor Statistics, "Consumer Price Index," https://www.bls.gov/cpi/additional-resources/historical-changes.htm.

5. Barclay Palmer, "Why Is the Consumer Price Index Controversial?" Investopedia, July 23, 2021, https://www.investopedia.com/articles/07/consumerpriceindex.asp.

6. US Bureau of Labor Statistics, https://www.bls.gov/data/inflation_calculator.htm.

7. Bureau of Economic Analysis, "The Personal Consumption Expenditure Price Index," https://www. bea.gov/data/personal-consumption-expenditures-price-index

8. Noah Johnson, "A comparison of PCE and CPI: Methodological

Differences in U.S. Inflation Calculation and their Implications," research paper, US Bureau of Labor Statistics, November 2017, https://www.bls.gov/osmr/research-papers/2017/ pdf/st170010.pdf.

9. BLS Data Viewer, US Bureau of Labor Statistics, https://beta.bls.gov/dataViewer/ view/timeseries/CUUR0000SA0.

10. US Energy Information Adminis- tration, "Petroleum & Other Liquids," chart, https://www.eia.gov/dnav/pet/hist/RWTCD.htm.

11. Ben Cahill, "Biden Makes Sweeping Changes to Oil and Gas Policy," Center for Strategic & International Studies, January 28, 2021, https://www.csis. org/analysis/biden-makes-sweeping-changes-oil-and-gas-policy.

12. "Factors Affecting Reserve Balances – H.4.1," Federal Reserve, https://www.federalreserve.gov/releases/h41/.

13. Federal Reserve, "Money Stock Measures–H.6 Release," https://www.federalreserve.gov/releases/h6/current/default.htm.

14. Federal Reserve Bank of St. Louis, "Velocity of M2 Money Stock," Federal Reserve Bank of St. Louis (FRED), https://fred.stlouisfed.org/series/M2V.

15. Federal Reserve Bank of St, Louis, "Spot Crude Oil Price: West Texas Intermediate (WTI)," Federal Reserve Bank of St. Louis (FRED), https://fred.st- louisfed.org/series/WTISPLC.

16. "ExxonMobil Corporation," Yahoo!Finance, 2021, https://

finance.yahoo.com/quote/XOM/history?period1=31536000&period2=340156800&interval=1d&filter=history&frequency=1d&includeAdjustedClose=true.

17. "When Exxon Could Have Beaten Intel," *Forbes*, July 7, 1997.

18. "Oral History Panel on the Development and Promotion of the Zilog Z8000 Microprocessor," (transcript) Computer History Museum Archive, April 27, 2007, https://archive.computerhistory.org /resources/access/text/2015/06/102658075-05-01-acc.pdf.

19. Warren Buffett address to Berkshire Hathaway shareholders, Berkshire Hathaway, February 27, 1981, https://www.berkshirehathaway.com/letters/1980.html.

20. John Divine, "2021 Dividend Aristocrats List: All 65 Stocks," *US News & World Report*, May 7, 2021.

21. James Royal, PhD, Arielle O'Shea, "What is the Average Stock Market Return?" Nerd- Wallet, August 11, 2021, https://www.nerdwallet.com/article/investing/average-stock-market-return.

22. "What You Need To Know About SPACs," US Securities and Exchange Commission, May 25, 2021, https://www.sec.gov/oiea/investor-alerts-and-bulletins/what- you-need-know-about-spacs-investor-bulletin.

23. Brian O'Connell and John Schmidt, "Treasury Inflation-Protected Securities (TIPS)," *Forbes*, April 13, 2021.

24. US Census Bureau and US Department of Housing and Urban

Development, "Average Sales Price of Houses Sold for the United States," Federal Reserve Bank of St. Louis (FRED), https://fred.stlouisfed.org/series/ASPUS.

25. US Census Bureau and US Department of Housing and Urban Development, "New Privately-Owned Housing Units Started: Total Units," Federal Reserve Bank of St. Louis (FRED), https://fred.stlouisfed.org/series/HOUST.

26. Valeria Ricciuilli, "In the 1970s, the Bronx was Burning, but Some Residents Were Rebuilding," Curbed New York, May 3, 2019, https://ny.curbed.com/2019/5/3/18525908/south-bronx-fires-decade-of-fire-vivian-vazquez-documentary.

27. Historical REIT Spreads: Dividend Yields vs. U.S. Treasuries," Millionacres, updated August 10, 2021, https://www.millionacres.com/real-estate-in-vesting/reits/reit-investing-101/historical-reit-spreads-dividend-yields-vs-us-treasuries/.

28. Lisa Springer, "10 Best REITs for the Rest of 2021," Kiplinger, August 31, 2021, https://www.kiplinger.com/investing/reits/603383/10-best-reits-for-the-rest-of-2021.

29. Investopedia, "REITs vs. REIT ETFs: How They Compare," May 16, 2021, https://www.investopedia.com/articles/investing/081415/reits-vs-reit-etfs-how-they-compare.asp.

30. Matthew Frankel, "How to Invest in Timber REITs," Motley

Fool, August 27, 2019, https://www.fool.com/investing/how-to-invest-in-timber-reits.aspx.

31. Matthew DiLallo, "Investing in Farm- land: A Real Estate Investor's Guide," Millionacres, October 4, 2021, https://www.millionacres.com/real-estate-investing/investing-farmland-real-estate-investors-guide/.

32. "Historical Gold Charts," Kitco, https://www.kitco.com/charts/historical-gold.html.

33. Larry Margasak, "Silver vs. Gold: William Steinway's Wedge Issue of the 1896 Election," National Museum of American History, October 29, 2014, https://americanhistory.si.edu/blog/silver-vs-gold-william-steinways-wedge-issue-1896-election.

34. APMEX, "Precious Metal Sizes Conversion Chart," https://www.apmex.com/education/ science/oz-to-gram-to-kilo-to-grain-conversion-tables.

35. Longtermtrends, "Gold to Silver Ratio," https://www.longtermtrends.net/gold-silver-ratio/.

36. Billy Bambrough, "Tesla Billionaire Elon Musk Signals Surprise Dogecoin 'Update' Support as The Bitcoin Price Suddenly Surges," *Forbes*, October 14, 2021.

37. Noor Zainab Hussain and Nive- dita Balu, "Tesla Will 'Most Likely' Restart Accepting Bitcoin as Payments, Says Musk," Reuters, July 22, 2021, https://www.reu- ters.com/business/autos-transportation/

tesla-will-most-likely-restart-accepting-bitcoin-payments-says-musk-2021-07-21/.

38. PayPal Developer, "Cryptocurrency at PayPal," https://developer.paypal.com/docs/crypto/.

39. Wilfredo Pineda and Nelson Renteria, "One Month On, El Salvador's Bitcoin Use Grows but Headaches Persist," Reuters, October 8, 2021,

https://www.reuters.com/technology/one-month-el-salvadors-bitcoin-use-grows-headaches-persist-2021-10-07/.

40. Charles Bovaird, "Bitcoin Lost Roughly 50% Of Its Value in A Day," *Forbes*, March 12, 2020.

41. Adam Hayes, "Stablecoin," Investopedia, updated October 8, 2021, https://www.investopedia.com/terms/s/stablecoin.asp.

42. Andy Kessler, "Crypto is Shedding its Tether," *Wall Street Journal*, October 24, 2021.

43. Federal Reserve Bank of St. Louis, "Spot Crude Oil Price: West Texas Intermediate (WTI)", Federal Reserve Bank of St. Louis (FRED), https://fred.stlouisfed.org/series/WTISPLC.

44. "Historical Gold Charts," Kitco, https://www.kitco.com/charts/historicalgold.html.

45. Nathan Lewis, "Greece Needs the Magic Formula to Become the Wealthiest Country in the Eurozone," New World Economics, March 26,

2015, https://newworldeconomics.com/greece-needs-the-magic-formula-to-become-the-wealthiest-country-in-the-eurozone/.

46. John Dewdney, "Soviet Union," Encyclopedia Britannica, https://www.britannica.com/place/Soviet-Union.

47. Daniel Mitchell, "Flat World, Flat Taxes," Cato Institute, April 27, 2007, https:// www.cato.org/commentary/flat-world-flat-taxes.

48. Nathan Lewis, "Rise of the Flat Tax Gives Us Morning in Albania," *Forbes*, September 29, 2011.

第六章

1. Judy Shelton, "How the Fed Finances U.S. Debt," *Wall Street Journal*, October 13, 2021.

2. Lael Brainard, "Financial Stability Implications of Climate Change," Federal Reserve, March 23, 2021, https://www.federalreserve.gov/newsevents/ speech/brainard202103 23a.htm.

Alexander William Salter and Daniel Smith, "End the Fed's Mission Creep," *Wall Street Journal*, March 25, 2021.

3. Josh Hammer, "COVID-19 Has Forever Destroyed Americans' Trust in Ruling Class 'Experts,'" *Newsweek*, June 4, 2021.

4. US Census Bureau, "U.S. and World Population Clock," https://www.census.gov/popclock/.

5. Bureau of Economic Analysis, "Table 7.1 Selected Per Capita

Product and Income Series in Current and Chained Dollars," https://apps.bea.gov/ iTable/index_nipa.cfm.

6. Bureau of Economic Analysis, "Table 1.1.1 Percent Change from Preceding Period in Real Gross Domestic Product," https://apps.bea.gov/ iTable/ index_nipa.cfm.

Bureau of Economic Analysis, "Table 1.1.6 Real Gross Domestic Product, Chained Dollars," https://apps.bea.gov/iTable/index_nipa.cfm.

7. Felix Waldmann, "Additions to De Beer's Correspondence of John Locke," Locke Studies, 15, February 2018, 31-52, https://ojs.lib.uwo.ca/ index.php/locke/article/ view/672/444.

8. John Maynard Keynes, *The Economic Consequences of the Peace* (New York: Harcourt, Brace, and Howe: 1920).

9. Michael Bordo, Barry Eichengreen, Daniela Klingebiel, Maria Soledad Martinez-Peria and Andrew Rose, "Is the Crisis Problem Growing More Severe?" *Economic Policy*, 32:51-82.

10. Angus Maddison, "World Per Capita GDP (Inflation Adjusted)" (chart) *The World Economy: A Millennial Perspective*, (OECD, 2001) 264.

11. US Bureau of Labor Statistics, "Unemployment Rate," Federal Reserve Bank of St. Louis (FRED), https://fred.stlouisfed.org/series/ UNRAT